こころと脳の対話

茂木健一郎
河合隼雄 著

新潮社版

9222

目次

第一回　こころと脳の不思議

第二回　箱庭と夢と無意識

第三回　「魂」を救う対話

こころと脳の対話

箱庭の前で語り合う河合氏と茂木氏（2006年2月）
＊本文中写真　撮影・太田順一

第一回

こころと脳の不思議

――初めての対談で、東京・千代田区のホテルの一室で顔を合わせた河合さんと茂木さん。「今日は、私が生徒役で」という河合さんのあいさつとは裏腹に、茂木さんが目を輝かせ、さまざまな問いを投げかける対話となった――。

ユングは人間の何を見ようとしたか

茂木　脳科学では、ここ十年ぐらいで、「質感」というものが大きなテーマになってきたのですけれど、河合先生のご専門のユングなどの立場からすると、どうなんですか。もう、とっくにそんなものあるだろうという感じですか。

河合　いや、そういうところまではいっていないですね。それにユングは、あまり自分の方法論については意識していなかったと思います。むしろ、治療を受けた患者さんにとって役に立っていることがわかったから、どんどんやっていったわけで。

逆にフロイトは、自分がやっていることを、なんとか近代科学のモデルに近づけようと、ものすごく努力したわけですね。おもしろいのは、フロイトはその本のなかで「ゼーレ（魂）」という言葉をいっぱい使うんですが、それを英語版では「ソウル」とはいっていないんですよ。「マインド」とか、そういう言葉にいい換えているんです。そしてとくにアメリカで、フロイトの考えていた精神分析が、いわゆる科学の様式、かたちをもっていくんですよ。

それで、アメリカはみんなやられたわけですね。科学やから、というので、アカデミズムに入っていくわけですよ。でも、ユングのほうは違うから、なかなか入っていかなかった。ユングは自分の方法は守っているけれども、方法論的なことはあまりいってないと僕は思います。

私は、もともと理学部でしょう。だからずっとこだわっていたんですよ。方法論的なこととか、それから自分でやっていることが科学であるかということが、ずっと大変な問題だったわけですね。

私が考えたのは、僕のは、近代科学とは違う手法でやっている、と。近代科学とどこが違うかというと、「関係性」ということと、「生命現象」、そのふたつがあるというふうに思ったわけですね。

近代科学は、ご存じのように、関係性を絶って、客観的に研究をする。しかし、われわれのほうは関係性がなかったら、絶対、話にならない。だから、その関係のあり方をすごく大事にしていく。

それから生命現象というものは、物理の力学のように、これだけ質量があって、位置がこうで、というふうに定義できないんですね。また物理は、目で見えていること以外のことを絶対扱わない。しかも、ほかにどんな可能性があるか、それにも気がつこうとしない。それに気がついて、そこに注目して、ユングなんかはやったわけですね。

そのときに、ユングはドグマ（教条）からそれをやったわけではない。ドグマをつくってやったら、これは宗教になりますからね。そうではなしに、自分の説に矛盾する現象が起きてきた場合には、自説の理論なり定義なりを変更していった。

ドグマでないということと、現象によってつねに検証していくという点では、科学的といえないこともない。けれども、近代科学の手法とはすごく違うことをやっているんだというのが、僕らの認識なんですよ。

そういう点で見ると、「クオリア（感覚質）」というものも、関係性を生じるところで出てくるものなんですよね。それから、生命現象にとくに出てくることなんですね。

茂木　そうですね。河合先生も『ユング心理学入門』で、科学資料に下手に接合すると、非常に変なことになるとおっしゃってますね。

河合　そうそう。

茂木　私は科学のなかで、物理学や生物学をやってきて、やっぱり心の問題、「ゼーレ」の問題を扱うことは、ものすごくむずかしいということをずっと痛感してきたんです。

学生時代の箱庭体験

茂木　じつは私、学生のときに、臨床心理学の、ある大学の先生のところにずいぶん出入りしていたんですよ。べつに心を病んでいたとかそういうことではなくて（笑）。非常に興味があって。カール・ロジャーズ（来談者中心療法を創始したアメリカの臨床心理学者）とか、あのあたりに非常に興味をもっていて。箱庭をやったんですよ、六か月。

河合　ああ、それはおもしろかったでしょう。

茂木　まさに河合先生のご専門ですね。たぶん当時、僕は二十二歳くらいだったんですけれど、そのとき箱庭をやった感覚が、非常に大きな体験になっていて。「クオリア」に到達したのは三十四歳のときなんですけれど、どうもそういう経験の積み重ねが作用したように思うんですね。

河合　うれしいですね。まさに、砂に触るでしょう。

茂木　はいはい。

河合　あれが「クオリア」ですね。

茂木　あれは、河合先生も同じスタイルなんですか。僕は、その先生のやり方を見ただけで。砂地があって、そこにはいろんな人形があって……。

河合　そう、同じです。ただ、おもしろいのはね、あれはヨーロッパで考えられたわけですね。とくに僕が教わった人（ドラ・カルフ）は、ユングの考え方をそこに入れていったんです。それで「サンド・プレイ（箱庭）」というものをつくっていった。

ところがそれがアメリカに導入されていったとき、スタンダーダイズ（標準化）しなければいけない、と。それで砂を取り去ってしまうんですよ。

茂木　ほほ〜。変な科学主義やってますね〜。

河合　砂を取って、それから人形もね。僕らのやり方は、好きなようにやってたわけ。僕は僕の好きなように、いろんな物を入れたり、いろいろやるんですが、アメリカでは、なんでもスタンダーダイズして、木は何本とか、人は何人とかやってね。それでテストをつくるんですよ。「ワールド・テスト」。これはシャルロッテ・ビューラー（青年期の心理的発達の研究で知られる臨床心理学者）がつくるんですけれど、全然、だめなんです。つまり、まさに「クオリア」を取り去ってしまっているわけですよ。それで、それが科学だと思ってしまっている。

もっと怖いのは、べつにかまわないのだけど、科学的なのが正しくて、科学でないのはだめだという思い込みが、ものすごい。そこが恐ろしいですね。

茂木　いやあ、すごいですね。これまで私が直感的に感じてきたことを、まさにいま、河合先生がずっと専門的な立場からいわれているというところに、非常に僕は感銘を受けました。

河合　僕が最初やりかけたころは、そのせいでボロカスにいわれたんですよ。「お前のやっているのは科学ではない」と。

茂木　僕がやった箱庭は、いまでも覚えてますけれど、やっぱり砂でした。学生相談所というところでやっていたんですけれどね。もうとにかく、学生がいろいろな物をもってきちゃうんですね、お菓子のおまけとか。いまでいえば、海洋堂のフィギュアとか（笑）。「これ使ってみたら？」って。もう、まったくコントロールされていないというか、混沌《こんとん》の世界で。
　まず最初に三十分ぐらいで箱庭をつくって、そのあと三十分ぐらい、その箱庭について話し合うという感じなんですけれど。あのときの体験ほど、深いものってなかった。
　僕はそのころ、どっちかというと内向的というか、知らない人としゃべることがあまりできなくて。あるとき、箱庭で、村でお祭りをやっていて、山にサルが一匹いて、木の上からそのお祭りを見ている、というのをつくったんですよ。

河合　ほほ～。おもしろいねぇ。

茂木　どういうことか、と聞かれたので、「僕はこのサルで、そのお祭りのなかにまでは行きたくないんだけど、でも一人で、こうやって楽しそうな様子を見ているのが好きなんだ」というようなことをいって。ちょうど、そのころの心象風景だったんですね。

河合　その、祭りを見ているサルですね。それは、客観的に祭りを観察している自分というのと、それから、サルで典型的なのは孫悟空ですね。将来、大活躍する可能性とか、あるいは仏道に入っていくような宗教性や精神性とか、そういうものを全部もっている存在としてそこにいるんですよ。それで、いたずらもするしね。それって、すごくおもしろいですね。

茂木　なるほど。その「サル」というところがポイントなんですね。

河合　ええ、そうそう。

茂木　専門家にかかると、やっぱり、すばらしい（笑）。この場で分析していただいているみたいな感じ。とにかく、あの箱庭って、あれは強烈ですね。

安易に「言語化」することの怖さ

茂木　河合先生が本のなかで、日本人はわりと言語から入るのではなくて、イメージから箱庭をつくると書かれていたのが非常におもしろくて。僕自身がそうだったんですね。たとえば人形を、これは誰だ、それは誰だとかって、考えないんですね。

河合　それはね、アメリカではすぐいいたがるんです（笑）。怖いもののシンボルやとかね。だから、僕はそういうことをいうなと。全体をアプリシエイト（味わう）することが大事であって、インタープリット（解釈）する必要はないと、僕はものすごく頑張ったわけです。それで、日本ではその方法がすごく発達したんですよ。それをまた僕が外国に行って、国際的に広めるわけです。

茂木　じゃあ、箱庭療法というのは、日本オリジナルの要素がずいぶんあるということですね。

河合　ありますよ。だから僕は一時、国際会議（国際箱庭療法学会）の会長をしていましたからね。僕の考え方は相当、浸透しているとは思いますけれど。

それでもやっぱり、彼らはなんとかして無理にでも言語化しようとするし、しないといやがるところがある。

茂木　わかります。まさに脳科学も、一方で心の問題を扱っていて、そういう点では現象学的な方向に接続しているのですけれど、一方ではやっぱり科学主義というのも残っていて、そのあいだで引き裂かれているのが現状なんですよね。

河合　そうなんです。

茂木　ですから、河合先生がさっきおっしゃったように、箱庭も本来、雑多ななかでいろんなイメージを追うというのが筋なのに、それをコントロール可能なものにして、要素までも定義しようとする。

でも、それに相当することを、じつは脳科学でもやってしまっているところがいくつかあるんですね。そこが非常にむずかしくて、そこをどうつなぐかという感じですね。

河合　むずかしいですね。僕はちょっとやそっとではつながらないと思いますね。僕らみたいなことをやるやつも絶対必要だから（笑）。でも、つながっていったら、こんなおもしろいことはないですよね。

夢の意味を自分で考えてみる

茂木　じつは今日、本当にいろいろお話ししたいことがあって。僕は、夢日記を付けていたんですよ、一時期。

河合　ほほう、そうですか。

茂木　で、明恵上人《みょうえしょうにん》（鎌倉時代前期に活躍した華厳《けごん》宗の学僧）ですね。僕は明恵上人のことを数年前まで知らなくて、ある展覧会で『夢記《ゆめのき》』の一部が掛け軸になったのを拝見したんです。これはなんですかと聞いたら、夢日記を付けていた人がいるというので、えーっ、そんな人がいたんだと驚いて、それで興味をもちはじめたんです。

明恵の場合、四十年間でしたかね。私の場合、夢日記を付けていたのって、ちょうどイギリスに留学した前後なので、二～三年なんですけれど、やっぱり一時期、非常に興味をもったんです。

あと、どこかの部族で、夢分析を日常的に取り入れて、それによって心のある種の平衡状態を取り戻すようなことをやっている部族があるみたいですね。

河合　それは、僕の考えでは、生命体というものは、内部でいろいろな葛藤《かっとう》があるんですね。それが外部のなにかに向かったとき、それを変なふうに吸収したり解釈してしまったりするんですね。

簡単な例をいうと、僕がある人に「ちょっとお金を貸してほしい」といったとしますね。すると、その人は僕にとってはお金を貸してくれるかもしれない人だから、もうその時点で、その人を尊敬せざるをえないような気持ちでいっているんですね。だから、「親切そうな、いい人や」というのが、僕の意識的目的に適《かな》っているわけですね。

ところが、まさに僕のなかの「クオリア」では、「変なおっさんやな」というのも、やっぱりどこかでは思ってるわけです（笑）。しかしそれは意識化されない。「変なおっさんやな」というのと、「いい人や」というのが矛盾するわけでしょう。しかも、意識のうえでは矛盾せずに。そして帰って寝るでしょう。そしたら寝ているあいだ、その変なほうが動き出すんですよ。それを夢に見るんです。

わかりやすくいうと、僕らが生きているということ自体、ものすごく無理をしているわけでしょう。それを無理しているだけではもたないから、寝たときに調整するわけです、全体性のなかに。その全体性のなかに調整する動きを、脳のなかで視覚的に把握したものが夢ではないかと、僕はそう思ってるんです。だから夢を見るということ自体が、ものすごい大事なことなんですね。それは解釈しなくてもええぐらいなんだけれど、解釈したほうがおもしろいんです。いろいろ役にも立つし。夢をつぶしたら、だんだんおかしくなってきますね。だから夢というものは、生きていくために必要なものだと僕は思っているわけです。それは一種の調整作用みたいなもので。

そうするとその人にとっては、ある程度盲点みたいなことを見せられることが多いので、夢を見た本人にはわからない場合が多い。自分ではね。

茂木　そうですか。

河合　だからおもしろいんですよ。人の夢はわかるんですけれど、自分の夢はわかりにくいです、やっぱり。

茂木　それはちょっと、目からウロコですね。じゃあ、夢分析というのは、他人がやらないとだめだということですね。

河合　自分ではわかりにくい。だから、明恵は天才ですね。すごい天才やと思います。本当に、世界に誇るぐらいの。

茂木　自分を外から見るという視点も、同時にもちえた。

河合　ええ。あるいは、それを誰かにしゃべっていたのかもわかりませんね。ユングもいってますけれど、やっぱり誰かにしゃべったほうがいい。ただし、信頼できる人。で、その人はなにもいうてくれなくていいと。じっくり聞いてくれたらいいんやといってますね。

ユングにも聞き役の、信頼できる女性がいたし、フロイトの場合もちゃんと相手がいたわけですね。そういうふうに、やっぱり誰か他人の目が入らないと、自分だけではむずかしいですよ。ただ、僕らは長いあいだやってるから、もうだいぶできますけどね。自分の夢でもある程度はわかります。

茂木　その盲点というのは、どういうことなんですか。たとえば、私は最近、イギリスに留学していたときの夢を見て、そして目が覚めたときの感覚というのは、「最近、なんだかちょっと日本の社会と付き合いすぎてて、疲れてるんだろう」というか（笑）、そういう感じがあったのですが、それだと見えてないところがまだあるんですかね。

河合　いや、それはすごくおもしろいです。そういうふうに見られるといいですね。

たしかに、僕がいったように、人間が生きてるということ自体、本当に、苦労してるわけです（笑）。しかもそれを、ある程度インテグレーション（統合）のあるものとして把握していないといけない。でも、それはしんどいでしょう。

それをほぐして、ちょっと違うタイプにする動きが、夢。だから、夢を見ることと自体、癒《いや》す力をもっていると思いますね。

心の盲点が夢に現れる

茂木　僕のイギリスの夢は、旅行していて、バスのなかに小さな五〜六歳の女の子が乗っていて、その女の子は赤い服を着ているんですが、それが誰なのか、わからないんです。これが困るんですよ。それはだから、きっと盲点なんですね。

河合　そうですね。それと、課題といってもいいです、これからの。

茂木　課題？　五〜六歳の女の子が、ですか。

河合　そうそう。自分の心のなかに、赤い服を着た女の子がいる、しかも五〜六歳であると。そうすると、ひとつの考え方は、この五〜六年のあいだに、自分の心のなかにできてきたものは何かと考えてみる。

茂木　ああ、そういう考え方をするんですか。

河合　そうそう。この五〜六年で、それが育ってきているわけですよ。そして、その女の子を育てていかないといかんわけですからね。育てていくためにはどうしたらいいかとか。

僕はしょっちゅうそういうことを考えてるから、人生を二倍楽しんでる、というてるんだけど。（笑）

茂木　河合先生のお話をうかがっていると、脳科学がいま科学としてやっていることは、人間の精神活動の、本当にごく一部という感じがしますね。定量化できる、本当にごく一部。科学としては、まずそこにフォーカスしなければいけないんでしょうけれども。

さっきの箱庭の話が僕はすごく納得で、われわれが脳科学としてやっていることというのは、砂を取っちゃって、ツルツルにしちゃって、木が何本、人形はこれとあれとかって、ああいうことをやってるんだなって。本当にちょっといま、これだけ短くお話しさせていただいただけでも、わかりますね。
河合　だから僕はね、ヨーロッパの箱庭をアメリカに輸入するときに、土と切れたからだめなんだ、というんです。土というのはまさに、「クオリア」ですよ。土と切れたものとして輸入したからだめになった。
茂木　もともとヨーロッパでは、土俗的なものと結びついていたのに。
河合　僕がそれを日本でやったときも、ものすごく批判されましたよ。なぜ標準化しないかとかね。なぜとかいう前に、使ったらええんやと。使ったら、どんどん患者さんの役に立つでしょう。それで広まっていったんですけどね。
茂木　そうか……。五〜六歳の女の子というのは、五〜六年前に始まったことかもしれないって、その発想はないなぁ。やっぱりな。ちょっと、日本社会に付き合いすぎているかもしれない。（笑）
河合　だから会話がものすごく大事です。夢についての。僕が答えをいうんじゃなくて、いろいろそこから思い出してもらったり、話をしたりしていく。

「気づき」の感覚を忘れた科学

茂木　もうひとつ、赤い服を着た女の子の「赤」というのは、私の人生のなかで、じつは私が三歳ぐらいのとき、男の子であるにもかかわらず、赤のものばかり好んだ時期があるんですよ。帽子から、靴から、なにからなにまで。おそらく四歳ぐらいまで続いたかな……その時期が。二歳下の妹がいるんで、妹とお揃《そろ》いみたいなかたちで、赤いものばかり身につけていた時期があるんですよ。いまから考えても、真っ青なんですけれど（笑）。赤というと、なんかそれをちょっと思い出すんですけどね。

河合　それも大事とちがいますかね。そのくらいの年齢のときに、すごく関心をもっていたこととか、そのころ自分の心のなかでできあがってきつつあったこととか。そういうふうなものが、もういっぺん自分にとって大事になるかもしれませんね。

茂木　えっ、そうですか。やぁ、それはどうすればいいんですかね。(笑)

そういうことを、私が二十二歳のころ、臨床心理士志望の学生ともずいぶん話していて。彼らは本当にすごい、見えない次元をいっぱい生きているなぁと。河合先生なんかはずっとそういう方々とお仕事されてきたと思うんですけれど、あの感覚は、いまの科学主義にはまずないセンシティヴィティ(敏感さ)というか、「気づき」の感覚なんですよね。

河合　そうです、そうです。しかし、科学でないものはだめだとみんな思っているから、どうしてもそっちに影響されていくわけですよ。だから僕らは、すごく苦労してきたわけです。

茂木　われわれも、科学の業界のなかでは、おそらく複雑系の研究コミュニティにいちばん近いと思います。私もそういう研究グループでいろいろ議論するんですけれども、カオス(混沌《こんとん》)とか、そういう話が出てくると、単純に論理で割り切れるようなものって世の中には本当に少ないな、と。きわめて微小な初期状態の変化が大きな偏差につながるとか、そういう傾向があるということは、もう科学的にはわかっているんですけれど、まだまだ科学は分析中心なんですね。
ですから、ユングとかフロイトとか、あるいは河合先生がおやりになってきたようなことって、複雑系の科学が本格化したときに再認識されるんじゃないかと。

河合　いや、われわれは複雑系やなくて、「複雑怪奇系」というやつで（笑）。これでちょっとややこしくなってくるんです。

茂木　「怪奇」がつくんですね。正式な名前ですね。（笑）

河合　いやいや、冗談、冗談（笑）。いま思いついて。
でもフロイトは、そういうことをすごく意識していたはずですね。もう亡《な》くなりましたが、ブルーノ・ベッテルハイム（オーストリア出身の精神医学者）という人が『フロイトと人間の魂』という本でそういうことをたくさん書いてます。

「関係性」とは心のつながり

河合　僕がさっきいった話ですけどね、関係性と生命現象。これ、あんまりみんないわないんですが、ものすごい大事です。でも実際にやると、経験的にうまいこといくでしょう。すると、「この方法は科学的に正しい」と思ってしまうわけですよ。そこには方法論的な反省が少ないと思います。これが非常に問題やと思いますね。

行動療法なんかも、自分たちは科学的にやっているというふうに考えるわけですね。ところが、実際はそのなかには絶対、関係性が入ってくるんですね。

茂木　先生のいまの話はわかりやすかった。なるほど、そういうことですね。

河合　それを不問にしているわけですよ。わかりやすい例を挙げますとね、不登校の子どもさんに、「きみ、学校へ行ってないんだってね」と。「ではまず、玄関まで行きましょう」と。行ったら「えらかったね。じゃあ、次はあの角のところまで行きましょう」。また行ったら「えらかったね」とやるわけですよ。これが行動療法ですね。

それを実際、僕の知っている学校の先生でやった人がいるんです。そしたら、どんどん学校に近づいていくわけですよ。とうとう、学校の保健室まで行ったわけ。

そしたら、保健室にほかの先生がきて、「おい、なにをボヤボヤしとるんや。ここまでこれるんやったら、教室へ行って、勉強せい!」ってやったわけですよ。そしたら、その子は家に帰って、もう学校にこなくなった。つまり、そこで関係性がパーン、と切れたわけですよ。

ここで大事なのは、「ここまで行った」「あそこまで行った」というのは科学的、論理的にうまいことといってたんやない。それは、先生とその子との関係性で行われていた、ということなんです。

茂木　行動が切れたんじゃなくて、関係性が切れたということですね。

河合　そういうことを、みんなわかってないんです。ほかの先生に「早《はよ》う、行け」なんて、そんな全然知らないやつにいわれたら、そこで関係性が切れるんですよ。そこのところの反省がないと思うんです。

しかし、うまいことやってる人は、両方うまいことやってるんですよ。やってるところだけを見たら行動療法だけど、ちゃんと話を聞いている場面があるわけです。

有名な行動療法学者のジョゼフ・ウォルピという人がいるんです。そのウォルピのところに、僕の友達の武田建さんという、関西学院大学のアメリカンフットボールのコーチや監督で活躍した、おもしろい人が行ったんです。で、見ていたら、ウォルピは行動療法をもちろんやるんだけど、あいだにものすごくうまいこと話を聞いていると。そのふたつでやっていると気がついて、ウォルピに「あなたの本には行動療法のことしか書いてないけど、話を聞いているのも大事ではないのか」というたら、ウォルピは「そんなこと書いたら、行動療法の本にならない」っていった。（笑）

茂木　そうですね。なるほど。

河合　だから両方、要るんですよ。僕らもそれに似たみたいなことやっているわけでしょう。その両方を同時にやらないかん。こういうことを、僕は「関係性の科学」とか「新しい科学」とかいっているんですけれど、それをもっと考えないといけませんね。でも、これはすごいむずかしい。

「愛は盲目」は脳科学的に正しい

茂木　そこらへんに突破口をなんとかつくりたいなと、個人的に思ってました。脳科学でも、関係性という部分では、われわれは「コミュニケーション」という言葉を使うんですけれど、脳内の伝達の過程がどうなっているかということはかなり研究されてきています。

河合　そうですか。そのへんのことを、ちょっと具体的に話をしてもらったほうがいいかもしれないですね。

茂木　脳科学で、人間の関係性についての最近でいちばんおもしろい研究のひとつは、相手をクリティカル（批判的）に値踏みする領域は前頭葉《ぜんとうよう》にあるのですが、いままさに熱烈に恋愛中だという人に観察対象になってもらって、その恋人の写真を見せるんですね。そうすると、そのクリティカルに相手を値踏みする領域の活動がオフになるんです（笑）。つまり、マキャベリ的知性（ヒトの知能は複雑な社会環境の変化に適応することで高度に進化したとする仮説）といわれている、「愛は盲目」というのは、まさに脳科学的に立証されるんです。

河合　おもしろいですね。そのときにオフになるというのは、つまりオンとかオフのスイッチのようなものがあるんですか。

茂木　それはまだ、因果関係はわからないんです。脳活動としては、ｆＭＲＩ（機能的磁気共鳴画像診断法）で血流の変化を見て、その領域の活動が低下しているということまではわかるんですけれど。要するに、まだシステムになってないんですね、そういう意味でいうと。

河合　システムというと、みんなシステムを統御するセンターというのを、すぐ連想しますね。ところが、おそらく、僕はセンターはないんじゃないかと思う。

茂木　そうだと思います。

「中心統合」の欧米、「中空均衡」の日本

河合　それがね、一神教的モデルでいくと、やっぱりセンターがほしいんですよ。僕はそうじゃなくて、統合的ではなくて、バランスというかね、そういう考え方のほうが僕は好きなんですよ。

僕は日本の神話をモデルに考えてましてね。日本の神話の場合は、簡単にいうてしまうと、三つの神様がいるなかで、ふたつの神様はものすごい葛藤《かっとう》とか対立があるんですよ。

で、三つ目の真ん中の神様が大事なんやけど、真ん中は何もしないんですね。たとえば天照大御神《あまてらすおおみかみ》と須佐之男命《すさのおのみこと》が対立する神で、月読尊《つくよみのみこと》が真ん中の神であって、無為なんですね。

そういうのをずっと調べていって、僕は「中空均衡構造」という呼び方にしたんです。真ん中はプリンシプル（原理）もパワーももってないんですよ。だから、全体がバランスをとれるんだと。

「中空均衡構造」に対して、すごくわかりやすいのが「中心統合構造」。これは、センターが全部統合していると。これは中心がプリンシプルとパワーをもっているわけです。

日本のモデルは「中空均衡」。あちらのモデルは「中心統合」。いちばんよくわかるのは、日本の場合は、リーダーがだいたいなにもせずに、みなさんのお伺いでやるでしょう（笑）。向こうは本当にリーダーになるわけですよ。リードしていくわけですね。

そういうふたつのモデルがあるんだけれど、いまの時代は両方要るんじゃないかと。僕は自分の生き方を見てても、すごく「中心統合」でバンバンやっているときと、まったく「中空均衡」になってなにもしないときと、両方分けているわけですよ。

おそらく二十一世紀というのは、そういうひとつのモデルとか、ひとつのイデオロギーとかで統合的にいく時代が終わって、むしろ、矛盾しているものをもっているというのが生命体の特徴だと。だから「矛盾を抱えながらいかに生きるか」ということが、二十一世紀の根本ではないかと自分は思っている、という話をよくするんですよ。

これを聞いて感心するだけの人もいるけど、さすがアメリカ人には、こう僕にいう人がいるんですよ。

「そうするとお前は、時によって中心統合し、時によって中空均衡でやっているのか」というから、「そうや」というたら、「それなら、お前、それは中心統合や」いうんですよ。（笑）

茂木　なるほど。

河合　「統合か中空かを決定しているものがあるかぎり、中心統合構造や」というから、「そんなふうに考えるのがあなた方の特徴や」と。みんなの顔見とったら、フワーッと決まるときもあると。（笑）
これは自分ではなくみんなが決めているんだと考えると、中空均衡でしょう。でもみんなの顔を見ているときに、「やっぱり中心統合でいこうか」となったりね（笑）。そうすると根本的には中空均衡といえるかもわからない。僕は決定なんかしてないよ、と。
茂木　それは文化庁長官としての発言ですか。
河合　そうそう（笑）。文化庁長官として、このごろあまりなにもしてないよ、と。

「三年に一人、本物が出ればいい」

茂木　でもね、いま東京はアメリカと同じですよ、日本のなかでは。京都はやっぱりヨーロッパに近いなというか。僕が京大に行ったときにいつも思うのは、なんかこれはちょっと東京にはないものがいろいろあるなと。あ、そうだ、思い出した。各学年の始まりで何を履修するかって、学部科目を登録するという制度がないんですって？　京大理学部は。

河合　はい。

茂木　もうびっくりしちゃって。だから試験の日に、単位を取りたいやつは勝手に受けに行って、取れと。いまでもそうなんですか。あれはもう、ちょっと愕然《がくぜん》として。

河合　いまはどうかな（編集部注・現在は試験前に「試験登録」をする制度がある）。僕らのころは、勝手に数学科と自分でいってたけれど、本当は学科もないぐらいなんですよ。（笑）

茂木　それはすごいことで、もうびっくりした。えーっと思って。

河合　すごいのが、僕らが入学したときの教授のあいさつが、「みなさん、入学おめでとう。といいたいが、あまりめでたくない。というのは、ここにおられる人は、ほとんどだめでしょう」(爆笑)。それ、入学のときにいうんだからね。

で、「数学なんていうのは、三年に一度くらい、ええのが出たらいいんで、最近一人ええのがおったから、あなたたちはほとんどだめだと思う」って。もうそのとおりなんですよ。(笑)

茂木 最高ですね。本当に京都というのは、ちょっと計り知れないところがありますよね。

河合 しかしこのごろ、京都もちょっと東京の真似《まね》をしだした。いまいったように、中心統合型がいちばんわかりやすいんです。わかりやすいから、どうしてもみんな真似したくなるんです。だからってみんな真似してたら、京都もだめになってしまいますよね。

茂木 スイスのユング研究所は、そのあたりはどうでしたか。
僕が行ったイギリスも、ちょっとそれに似たところがあったんですね。つまり、僕が二年間ケンブリッジにいたとき、僕がどういう立場でいるのかということが一切問われなかったというか、ペーパーとしてまったく判然としなかったというか。そういう書類を一度も書いたことがなくて、唯一《ゆいいつ》書いたのが図書館の入館証をつくるときしたサイン（笑）。ずっと僕は、何者だかわからないんです。ポスト・ドクトラル・フェロー（博士号取得後、任期つきで研究に携わる職）というかたちで行ったんですけども。

河合　私の場合、登録はしましたけれどね。分析家になるための訓練を受けに行って、登録する。あとはオリエンテーションなんかなにもないんですよ。

茂木　ただ登録して終わりというか。

河合　向こうに行っても、これを教える先生はこれだけおるから、自分で訪ねて行って、好きな先生を選べというんですよ。それで、自分で電話をかけて会いに行く。その先生から、お前はだめやいわれたらあかんわけですよ。で、講義もあるんやけど、何を取ったらいいか、誰もいわないんです。（笑）

茂木　京大にちょっと似てますね。（笑）

河合　それで、ディレクターがいってましたけれど、このやり方に腹を立てて帰るアメリカ人がいると。それによって、われわれは上手な選抜を行っていると。（爆笑）

そしてね、資格を取る前に中間試験があるんですよ。その試験をいつ受けたらいいんですかというたら、「受けたいときに受けろ」というんです。

それで、五年経《た》っても六年経っても、やる気がないやつはまったく受けない。勉強したいやつは受けたらいい。もう、それは徹底してましたね。だから僕にはものすごく向いてました。

無用な決まりごとが多すぎる

茂木　話は飛びますが、われわれが論文を書くときは、引用をきちんとやれとか、ごちゃごちゃいわれるでしょう。ところが、これ、誰もがちゃんと知っていることなんだけれど、口をつぐんでいる事実があって。アインシュタインの一九〇五年の特殊相対性理論の論文は、引用文献はゼロなんですよ。

河合　ああ、そうですか。

茂木　参考文献なし。

河合　すっごいね。

茂木　E＝mc^2を証明した有名な論文がそうなんですよ。参考文献なんてなにもない。いいんですよ、それで。だけど参考文献をつけておいたほうが便利ですからね。それをあまりにもなんかガチガチに、いま、やりすぎているんですよ。

河合　本当にそう。僕なんか、その点、明恵なんかやるとね、参考文献なんかほとんどない（笑）。全部読んだって、知れてるんですよ。

茂木　そういう意味でいうと、アインシュタインに近い、本当に。（笑）
河合先生に話をうかがっていて、これまで僕のなかで抑圧されたものがいろいろ出てきてます。（笑）

やっぱりね、抑圧されてるんですよ、いろんなことが。ものすごいレギュレーション（規定）がしっかりしているので。

河合 そうですねぇ。だからね、そういう世界のなかでやっていく人間というのは、考えたらかわいそうだね。そりゃもう、抑圧とかものすごいはずですよ。しかしそれに耐えるのは、すっごいタフな人間ですね。そんな無理してもね、と僕は思うけれど。（笑）

茂木 僕、個人的には、ものすごい、心の琴線のいちばん深いところに触れる話なんですけれど。（笑）

河合 しかし、もう少し脳の話を聞かないと。

茂木 精神分析のようなものと、脳との関係を知りたいという人は多いですね。精神分析でプリディクト（予測）されているものが、脳科学でコンファーム（確認）されるというようなことを。

たとえば、多重人格障害（ＭＰＤ）とか解離性同一性障害（ＤＩＤ）のときの、「記憶の抑圧」に相当する脳活動というのは見えているんですね。虐待《ぎゃくたい》による障害のある人は、たしかに前頭葉のある部分が、虐待記憶を思い出せない脳の状態のときだけ活動しているんですね。それは脳が活動して、記憶へのアクセスを抑えているらしいんですけれど。

ただそこで、脳科学をやっている人間として反省するのは、脳活動としては見つかったとしても、それは精神分析ではずっとあった概念で、しかも臨床の現場で、もっと微妙なニュアンスにおいてそういうことがとらえられているわけですから、脳科学ではどうしても「機械脳」的になっちゃうんですね。アプローチとして。

「診断を下す」ことが患者を苦しめる

河合　この解離性同一性障害も、あまりいう人はいないけれど、やっぱり関係性というのがものすごくあるんです。僕は解離性の人に会っても、平気でいるんですよ。どういった症状が出てきても、平気で会っている。そっちのほうが治りやすいというのが僕の考えなんです。

アメリカなんかの例をいうと、解離性の患者で、Aという人格が出るでしょう。それでAさんに名前を付けるわけね。Aさん、と。今度、Bが出る。Bさんという名前を付けるわけね。その次はCさんという名前。で、今日はBさんと話しましょう。で、Bがくるわけ。ちょっと、Cさんを呼び出します。代わって、Cさんと話すでしょう。

そうしていったら、最後に、AとBとCが統合されていくためには、誰かが死ななきゃならない。絶対そうでしょう。

茂木　ええ、そうですね。

河合　そうすると極端な場合に、自殺する人が出てくる。

僕はね、名前付けないんですよ。ちょっとぐらい変わったって、平気でその人やと思って会っている。そのほうがいいんです。そのかわり、こっちはしんどいですよ。しんどいけれども、治りやすい。僕はそういう指導をしていて、そういうやり方でやっている人のほうがうまくいってるんじゃないかと思うんです。

日本でも、アメリカの方法でやっていた人は、どうもそれがうまくいかなかったり、自殺が起こったりしているんです。こういうのはアメリカに行って、向こうでやってケンカしてきたいんですけどね。

茂木　久しぶりにファイティング・スピリットが湧《わ》いてきたという感じですね。そうか……。これ、ものすごい深い話で、ちょっと終わらないですね。（笑）

というか、僕ね、ずっと合わせてるんです、ここ五年ぐらい。まず、日本の世間にも合わせているし、学会のやり方にも合わせて、ずっと抑圧されてきたものが、いま河合先生とお話ししていて出てきちゃっているというか。

たとえば、解離性同一性障害の精神分析というか、臨床の方にうかがったら、「DSM－Ⅲ」（アメリカ精神医学会が発行している「精神障害の診断と統計マニュアル」の略称）でしたか、なんかアメリカの診断基準で、確定診断に何年かかるとかいっていて。もうそれを聞いた瞬間に、おかしいなと。科学主義の悪いところで、この人は解離性同一性障害かどうかということをまず、どっちかにシロクロつけなきゃいけないという発想があるわけですよね。それを聞いたときに、直感的におかしいと思うのがわれわれのコモンセンス（常識）だと思うのですけれど……。

河合　だから僕は、そういう診断をする必要がない、という考え。

茂木　ええ、わかります、わかります。

河合　なにも診断みたいなのをしなくても、その人がよくなったらええんやから。診断するために、ものすごく患者に苦労さすわけですよ。Aの人格、Bの人格とか名前を付けると、患者はそれに応《こた》えたくなってくるわけですよ。すると、先生が喜ぶでしょう、人格が変わったほうが。だから「DSM-Ⅲ」とかが出てきて精密になったことによって、患者がものすごく苦労してるんじゃないかと思ってるんです。

「私」とは「関係の総和」

茂木 僕、精神科の先生と、ときどきシンポジウムとかやるんですけれど、そういうことをいう先生方というのは、べつに本人には悪気はないんでしょうけれど、グローバルスタンダード（世界標準）を背負っているような、すごい自負心を感じます。これは当然でしょう、みたいないわれ方をするから。

河合 実際、アメリカに論文を出すときに、「このへんはええかげんにやってます」とかいったら、絶対通らへんです。

茂木 困ったもんですね。

河合 困ったもんでしょう。だから僕は、いまのそういうやり方にはものすごい反対。

彼らは、心理療法は近代科学みたいなものだと思いはじめた。すると科学的になりたがるんですね。これがものすごいむずかしいところなんです。ひとつの例で成功したことを、科学で裏付けようとするんですよ。

茂木　えらいことやな。

河合　このあいだアメリカへ行ったときに、いうたんです。これでうまいこといくのは、アメリカ人がみんなそれを科学と信じてるからうまくいくんやと。そういう人ならうまくいくでしょうが、疑う人がやったらできない。

僕がすごいと思うのは、仏教の『華厳経《けごんきょう》』の考え方は、関係性が優先していますね。感激しますね。個があるけれども、個があっての関係というのじゃなくて、関係そのものが優先しているんですよ。だから「私」というのはないんです、『華厳経』でいうと。個の「私」はなくて、関係の総和が「私」なんだと。

一人ひとり違いは出てくるんだけど、その違いというのは、その関係のあり方で出ると。だからいつも、関係を優先して考える考え方があるわけですね。これ、ものすごく好きなんですけれどね。

茂木　脳でいえば、神経細胞から意識ができるところが関係性ですからね。つまり、神経細胞を一個取ってきても、それには個性がなくて、ネットワークをつくって関係性をもつことで「クオリア」が生まれ、意識ができるわけですから。個というものが、そもそも関係性であるというのは、脳科学でも、すごく理に適《かな》った考え方だと思います。

個というので、最近気になるのは、日本や日本人に特徴があるとすれば、それは外部からの影響を受けて、つねに変化しながらゆるくできたということではないかと。だから、日本とか日本人というものを最初にかっちり立てちゃうと、認識がすごくずれてきちゃうというか。

河合　だから日本の文化というのは、やっぱり相当、関係性のほうを大事にするおもしろい文化をつくったと思う。あちらは、個を大事にする。

個を大事にするほうが言語化が可能だし、説明可能だから、どうしても力が強くなるんですね。それとやっぱり、道具をつくりやすい。そやから、どうしても人間に対してもオペレート（働きかけ）したり、マニピュレート（操作）したりする。ここは大事なところですね。

僕は、オペレートとかマニピュレートを放棄するというところに、僕の心理療法の根本があるんじゃないかと、こう思っているんです。それも、ほかの人よりも徹底的に放棄できるようになったから（笑）、よく治るんじゃないかと思ってるんですよ。

変化という「可能性」に注目する

茂木　先生は、いまでも臨床とか続けられているんですか。

河合　いや、もう長官職が忙しいですから……。それでも、ちょっとした時間でもやってます。やっぱりやってないと、人間はだめになるんです、本当に。臨床をやっていると、いかに自分が無力かいうことがよくわかりますから。やめるとね、なんかなんでもできそうな気がして、威張れるんですけれど（笑）。なかなか人間というのは変わらんですよ。そりゃ、大酒よく飲む人に、酒やめてもらうのでも大変ですよ（笑）。いや、本当に。本当にむずかしい人は本当に大変ですよ。

茂木　それは、箱庭もやられてるんですか。

河合　やってますよ。茂木さんもどうですか。

茂木　やりたいですね（笑）。そういうの、だめですか。

河合　京都にきてもらって。

茂木　ずっとやりたくてしょうがなくて。（笑）

僕が二十年前、ある大学の先生のところでやったとき、半年間やりましたからね。週一で、だいたい一時間。どうも興味深い被験者だと思われたらしくて。

河合　うん。それでも箱庭は、あんまり診断はできないです。診断できるようなものじゃないんですね。むしろ箱庭のいいところは、可能性のほうに注目する。その人がどう変わっていくか、どう発展するかというのが主題です。その人の、そのときのいちばんの関心事とか、そういうのが出ますからね。

茂木　やっぱり、時系列的に変わってくるものなんですか。

河合　はい、変わります。これがね、変わり方が相当読める場合と、なかなか読めない場合がありますね。だからせっかくだから、もしやりだしたら、しばらく続けてやられたほうがおもしろいですよね。

茂木　はい、やりに行きます、京都にも。

私、いま四十三歳なんですけれど、今後の人生を考えるうえでというか、河合先生が闘われてきたことと、僕が「クオリア」というもので本来ずっと問題にしたかったことというのが、きわめて共鳴するところが多いんですよ。この敵はものすごく強大というか、絶対勝てないと思いますね。勝てないというか、むずかしいと思います、覆《くつがえ》すのって。

河合　そうそう。でも、「クオリア」のことを、脳学者の人たちのなかでは、みんなある程度、認めているわけですか。

茂木　「クオリア」自体はそうですね。ただ、解析手法が相変わらず従来のやり方なんですよね。だけど生命ということの本質をどうとらえるかというのは、みんな苦労しているんだと思います。科学全般においてそうです。

DNAをどんどん分析してバラバラにしていっても、生命はそこにない。それはみんなわかっているんだけども、どうしても遺伝子決定論とかそういうふうになっちゃって。
いま科学で頑張っている人たちって、やっぱり複雑系の人たちなんですけれど、ただ複雑系も、最近ちょっと押され気味なんですよね。ブームが一時期ありましたけどね。
河合　はいはい、ありました。
茂木　ちょっといま、苦しい時期にきちゃっているとこですね。
河合　そこから何がわかるか、何ができるかということを問題にしだすと、複雑系とか、そういうことをいっている人はむずかしいですものね。
悪いい方すると、論文として形になっているし、なるほどと思うんだけど、本当の意味でこれは何の意味をもっているのかという。

脳科学では心の一部分しか見えない

茂木　先ほどの話に戻りますけど、いまの脳科学の限界というか、心の世界へのアプローチということだと、一部分しか見れないんですね。

本当に心、精神の運動というのはダイナミックに起こる。でも科学というものが要求するのは再現性・普遍性であるわけです。しかし、人間の心の動きって再現性があるわけがないんですよ。

たとえば今日、僕が河合先生とお会いするのが楽しみでしょうがなくて、お会いしたら、もっと深い意味で楽しいと気がつきはじめて、うれしくなりはじめたときの心の動きというのは、再現できないですから。「もう一回やってください」とかって（笑）。心というのはなかなか、扱いにくいんですよね。

河合　その再現性・普遍性を扱うという点で、近代科学の研究法を見いだしたというのは、すごいですよ、それは。誰も気がつかないなかで、ヨーロッパの人間だけが気がついたんですから。すごい、それは認めるけど。だけど、僕は科学も大事だと認めるけれど、こちらの方法も認めなさい、と。さっきからいうてるように、二十一世紀の科学は、そろそろ、もうひとつ飛躍すべきだと思いますね。もうしかし、僕はやる元気ないなぁ。（笑）

僕、自分で思うんですけれどね、むかし京大で習ったことをもっと覚えてたら、すっごいおもしろいだろうと思いますけどね。なにも覚えてないですよ。脳のどこかに電極をビーンとかやると、ザーッと出てくるかもわからんけれど。

茂木　河合先生、ずいぶんたくさんのことを覚えていらっしゃるんじゃないですか。

河合　いや、全然覚えてないです。湯川秀樹《ひでき》さんの講義も聴いてるんですけれどね。湯川さんの講義を聴いた、ということ以外なにも覚えてないです（笑）、内容については。

というよりは、覚えてないというのはうそやね。はじめからわからんわけだから、覚えるも忘れるもないですよ。（笑）

茂木　いえいえ、河合先生はすごいですよ。河合先生の本を読むと、もう学識がすごくて。

河合　そんなことないです。わからんことが多いですよ。

いろんな人にいわれるのが、脳の研究が進めば、心のこともすぐわかるようになるだろうと。僕、絶対、違いますよというんですね。方法論が違うんだから、というんですけれど、なかなかみんなわからなくて。

精神科でも、なかなかそうはいかんと思うんですね。不安の高い状態を避けられれば、うつの状態を少し減らすことはだんだんできてくるでしょうけども、それが心にとってどうかとか、その人がどう生きるかという問題は、また別の話だと思いますね。

近代科学が排除してきたもの

茂木　そうですね。科学はどうも微妙なニュアンスを切り捨てるところから始まるんですよね。

われわれの業界で「モーション・アフター・エフェクト」、別の言葉で「ウォーターフォール効果」というものがあるんです。一方向に動いているものを見続けていて、そこから目を離すと、逆方向にものが動いているように見える。百数十年前にそれを最初に学術雑誌に投稿したイギリス人がいるんですが、その論文には、いまの科学の感じからすると余計なことが書いてあるんですよ。《私は苔《こけ》むした美しい岩に目を止めていた。そのあとずっと滝を見ていて、そこから目を離すと、苔むした岩が逆方向に動いているのが見えた》と。それが「モーション・アフター・エフェクト」の最初の方法論のところになるんですね。

ところがいまの科学は、「苔むした美しい岩を見ていた」とか、そんなのは関係ないよと、切っちゃうんですね。箱庭から砂を取っちゃうのと同じようにですね。

でももともと科学は、そうじゃないんですよ。たった百数十年前の論文には、そういう余計なことが書いてあるんですよね。いまのガチガチの科学みたいに、ここまでピュアにやっちゃっているのって、最近のことかもしれない。

河合　そうかもしれませんね。おもしろいですね。

茂木　心の働きとしては、その「苔むした美しい岩」を見ているほうが、意外と本質だったりするわけですからね。でもいまだと、滝の水が落ちる速度は秒速何メートルだったとかって書かないといけないわけですから。

どうもやっぱり、河合先生のおっしゃるように、近代科学にはある種の倫理観というか、やるべきことが欠如していますね。人間の心、精神活動というのは、実験条件を厳密にコントロールして、再現可能なところにだけ顔を出して、検証するというアプローチがどうもなじまないんですよ。

河合　そうそう、なじまないんです。倫理的にもむずかしいですね。ところがそれがないために、それは論文としての価値が低いと思われるから、本当に困るんです。

茂木　そこをなんとか理論化すればいいんだよな。

ひとつの事例は普遍に通ずる

河合　僕が実際、臨床心理の学会をつくったとき、「事例研究を研究として認めよう」ということをいいだしたんです。近代科学的な考え方では、ひとつの例というのは、それは、ひとつの例にすぎないわけ。だから心理学でときどきあるけれど、「事例報告」というのは、「変わった例があるんだなあ」と、それで終わりです。ところが、われわれの考えているような、関係性とか生命現象ということを考える場合は、その、ひとつの事例がものすごい大事やと。うそと思うならやってみようというんで、たとえば僕が、ある不登校の子どもと七～八年かかわったことについて話をするとしますね。その話をつぶさに、一時間半ほどしゃべるわけです、事例報告で。そうするとね、みんなすごく聴きにくるんですよ。なぜかというとね、僕が不登校の話するのに、たとえば離婚の問題をやっている人たちも、みんなどこか、参考になるんですよ、どこか、ね。

それからもうひとつは、僕はよくいうんだけれども、そういう例を聴いていると、やる気が起こってくるんですよ。俺もやろう、と。「もうあのむずかしい人、やめようか」とか思っているとき、そういう話を聴くと「よしっ」と思うでしょう。その「よしっ」という態度で、もう次、変わるわけですからね。だから僕らの学会では、事例研究を研究として認めます。一時間半ぐらい一人がしゃべって、それにコメントする人がいて、みんなでディスカッションして、全部で三時間ぐらい。三時間ぐらいだけど、一つの事例なんですよ。

それを始めたら、学会発表を聴く人がものすごい多くなった。

茂木　人気が出てきたと。

河合　それまでは、ご存じのとおり、学会発表といったら、ほとんど聴いてないんですよ。みんな遊びに行ったりしてね（笑）。だから会場に本屋さんがくるんですよ。発表が始まるとみんな本屋で本を見たり、うろついたりするわけです。でも、僕らの学会は発表が始まったら、サーッと人が本屋からいなくなるんです。発表を聴きにいくから。

僕は、事例研究のもつ普遍性ということをいっているんですよ。おもしろいでしょう。みんなに通じるんだから。科学の普遍性とは、違うほうの普遍性なのね。そのへんの事例研究の意義とかね、論文に書いて。これがなぜ大事かというと、われわれはいわゆる近代科学の事例報告をやっているのではない、ということをいってきて、研究として認められるようになってはいます。だから、われわれ臨床をやっている者の力が、ものすごく上がったと思います。

茂木　その、事例研究の普遍性というのは、いわゆる関係のうえの再現性とかそういうのとは違うということですね。

河合　全然、違います。それは、みんな方法論としては聴いてないんですよ。患者と接するときに、こうふうにいうた、ああ、なるほどねとかね。そういうところをみんな、ちょっとずつ自分なりに、取っていく。それでみんな感心する。やっぱり、ひとつの作品みたいなものですからね。

話を聞くだけで疲れてしまう人

茂木　高次脳機能障害（交通事故など、脳の損傷によって生じる比較的高度な心理機能の障害）の方にイギリスで会ったことがあって。話を聞くと、みなさん、その一連の過程がまさに作品というか。

教会で会ったんですけどね。みんなごくふつうに見えるんですよ。高次脳機能障害って、前頭葉のちょっと微妙なところに損傷を受けているだけなので、身体《からだ》のどこかが動かないとかそういうのではないんですね。見た目はふつうだし、べつにふつうにしゃべるんです。

たとえばオペラ歌手志望だった女の子なんて、ふつうにしゃべっているんですけれど、ところが十分くらいしゃべっているうちに、なんか変な感じに気がつき始めるんですよ。なんともいえない微妙な違和感に。

河合先生はそういう方たちをずっと診てらっしゃると思うんですが、高次脳機能障害と特定される人もいますけど、なんとなく、話を聞いているうちに、だんだんこっちが変な感じになってくる人って、身の回りにもいっぱいいるような気がするんですが。

河合　僕がよくいうのは、話の内容と、こっちの疲れの度合いの乖離《かいり》がひどい場合は、相手の病状は深い、というんです。

たとえば、こられた人が「人を殺したい。自分も死にたい」とかそんな話をしたら、しんどくなるのは当たり前でしょう。そうではなくて、わりとふつうの話をして帰っていったのに、気がついたらものすごく疲れている場合があるんです。その場合はもう、その人の病状は深い。

茂木　ほ〜、なるほど〜。

河合　それはやっぱり、こちら側が相手と関係をもつために、ものすごく苦労してる証拠ですね。話のコンテンツ（内容）は簡単なんですよ。それではないところで、ものすごい苦労してるわけ。

茂木　河合先生の言葉、宝石のようです。ああ、だから、あの人と話すと疲れるんだとか、いろいろ当てはまる人がいる。(笑)

河合　だからね、そういう人はかわいそうに、やっぱり人に嫌われるんです。そうでしょう。なんかそういう人と会ってると、みんなしんどくなるから。その人はなにもそんなことわからずに、自分は一生懸命になって人と話をして、「ふつうに話しているのに、なぜ嫌われるんでしょう」というんだけど、実際、みんなしんどくなってくる。

茂木　なるほど。目からウロコですね。そうか。話の内容とその疲れ方と、乖離がひどくなるほどシリアスだと。

河合　それはもう間違いないです。それがひとつのメルクマール(指標)になっているわけです。

それから、話を聞いてて、向こうがこっちの腹立つことをいうでしょう。そのとき、腹の立ちようのスケールが違うんですね。なんかもう、蹴《け》っ飛ばしたるかぁという感じで（笑）、そんなことめったに思わないのに。それはやっぱり向こうの病状ですよ。

相手は、僕のそういう反応を全部使っているわけです。僕の反応を。聞いて腹が立つとか、そういう反応は全部、僕はものすごく大事にしてるんです。で、それを時に、いうことがあります、相手に。

僕、一度いって、感激されたことあるんですけれどね。その人は一生懸命話をされるし、こっちも一生懸命聞いて、それでもその人が話しだすとどうしても僕が眠くなる、という人がいたんです（笑）。疲れていたら眠くなるのは当たり前だけど、疲れてないしね、僕、一生懸命仕事してるのに。で、とうとう、「もう本当に申し訳ないんだけれど、あなたの話を聞いていると僕は眠くなってしまう。なにか思い当たりますか」といったんです。そしたら、「わかります」といわれた。「いちばん大事なことをいっていません」って。

茂木　ほほ〜。

河合　たとえばね、仮に、自分の母親は本当の母親ではないということを、隠している場合があるでしょう。そうすると、その隠したままで話をされると、僕は了解できなくなってくるんです。だからいくら一生懸命話を聞いても、その人の実像が結ばれんのです。だからフラフラになるんですよ。それで疲れて眠くなってくるんです。

茂木　怖くなるくらいの真実がそこにありますね。

それをいうたら、その人は、「じつは……」といわれましてね。「これは先生に申し上げていませんでしたから、眠くなるのは当たり前です」と。

人は極限で同じ心の動きをする

河合　僕らの世界は、ある意味、そういう勝負の世界です。いろんなそういうことを全部、条件として使っているといったらおかしいけれど。

茂木　それは、なかなかスタンダーダイズはできないですよね。

河合　ものすごいしんどいですね。

茂木　だからアメリカ的なやり方にはそぐわないんだよな。

河合　そうです。それでもアメリカ的なやり方で治る人もたくさんいるのは、僕は、そういう人生観をもった人たちには効くんじゃないかなと思っているんですけれど。

日本はなかなかそうじゃないからね。だけどそのうち、だんだん日本人もみんなそうなっていくのかなぁって、つくづく思うときがあるんですよ。

茂木　進化も必然であると、ある意味では。

河合　うん。進化か退化かわからないけどね。けれど変化していく。それを進化というなら、だんだん滅亡に向かう進化みたいな気もするんですけれどね。

でもまだ、日本の若い人たちがきても、つまりいまの若い人たちは、ちょっと深い次元になったら、われわれとまったく同じです。すぐに関係ができてしまいますね。不思議ですね。

茂木　僕も二十歳過ぎのときに、こういう精神分析とかに興味をもったのは、その理由がまさにそれなんですよ。恋愛問題とかで個人的にいろいろあって、そのとき大発見したのは何かというと、「そういうときになると、人間って、どんな人でもまったく同じ心の動きをするのだな」って。僕にとっては大発見だったんですね。

それまで「自分は変わり者だ」と思ってたの（笑）。なんか俺、ちょっと斜に構えていたところがあったんです、世間に対して。「俺はあいつらとは違うんだよ」とか思っていた。

ところが自分が恋愛事件とかに巻き込まれると、「なんだ、俺もあいつらとまったく一緒だ」と。同じ心の動きをするじゃないかと。これはちょっと大発見だった。

それで僕は精神分析に興味をもって、カール・ロジャーズとか、そういうグループに出入りするようになって、それで箱庭に至るということになったんですけどね。

あれはでも、僕にとっては大発見でしたね。まさか、河合先生がおっしゃるように、年齢とか性別とか世代とか、まったく社会的な立場とか関係なく、人間はギリギリのところになると、みんな同じだと。おもしろいですね。

河合　たしかに、人間も動物の一種だから、そちらのほうに行きだすと、そういうのがすごく出てくるね。

じゃあいちおう、今日はこのへんで。次は、もっぱら僕が質問者になってもいいんだけれど、脳の研究のお話を聞いてみたいと思います。もしなんだったら、京都にきてもらって。そこに面接室があって、箱庭の部屋もありますから。あと、笛（フルート）吹く部屋もあって。（笑）

茂木　馳《は》せ参じます。

河合　楽しみですね。絶対、やりましょう。

茂木　なにせ二十何年ぶりの箱庭なんです。（笑）

河合　ほんまに「脳・悩対談」で、今度は脳の話を。きっと、私の脳のこのへんが問題ですから。（笑）

茂木　ちょっと開けてみましょうか、なんて。（笑）いやぁ、もういろんなインスピレーションいただきました、本当にありがとうございます。

（二〇〇五年十一月三十日、東京にて収録）

第二回

箱庭と夢と無意識

――京都にある河合さんのオフィスで、「二十何年ぶり」という箱庭づくりを終えた茂木さん。茂木さんの箱庭を見ながら、二人の対話が始まる――。

箱庭のなかの「生」と「死」

河合　どうですか、このなかでいちばん気になるものとかは見えますか。

茂木　いちばん気になる……。こいつ（ニワトリ）がいちばん恐ろしいやつなんですよ。何だかわからない。要するに、この世界のなかでは、現代の都市文明というのが、こんな小さいものでしかないという感じですかね。ちょっと違うかもしれませんが、このところ、近代文明のなかの合理的思考、生活のなかに抱えてしまっているものというのが、すごく気になっていまして……。

ある有名な音楽家の方が病気になられたという新聞記事を読みながら、電車

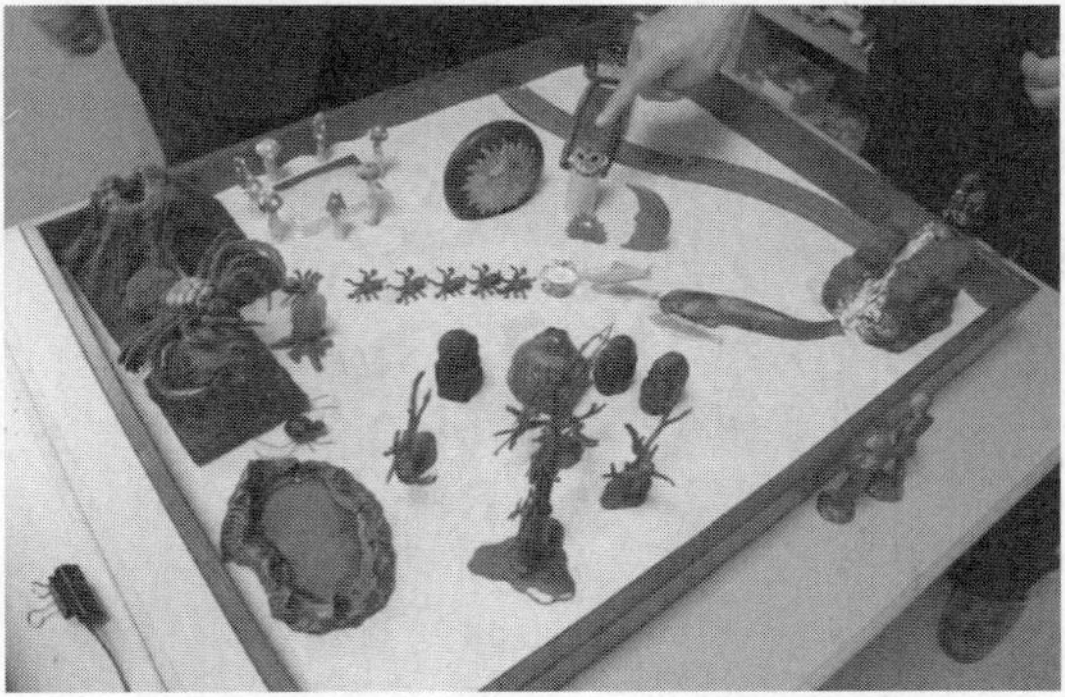

（上）京都のオフィスで　箱庭用のアイテムが並んだ棚
（下）茂木氏の作った箱庭。河合氏は上部が「光の世界」、下部が「闇の世界」で、右端の山の上にいる〈ニワトリ〉が「恐ろしく、不思議な存在で印象的だった」と語る

のなかにいたときに、東京メトロ丸ノ内線なんですけど、そんなこと年に一回ぐらいしかないんですが、自分が死ぬときの感覚というのが、すごいリアルに……。その音楽家が亡《な》くなるというわけじゃないんだけれど、感じられて、すごく息苦しく感じたんです。

死というものがいま、すごく現代社会のなかで隠蔽《いんぺい》されているものだなと思ったんですよ。そこらへんを、ちょっと引きずってるのかなぁ……。

河合　これ（柱に囲まれた庭）がおもしろいですね、この世界。

茂木　なんか見た瞬間、これがある種、世界全体のひな型というか。それがミクロのまま、手付かずに残っていて、何かに守られてるというか。これがおそらく幻覚を起こすような、何かそういうものなんだけれど、幻覚のなかに守り込まれていて。

おそらくこのなかでは、これが唯一《ゆいいっ》の救いなのかなあって。要するに、理性とか太陽みたいな、そういうものが善きものと思われてるんですけれど、それではは足りないというか。これが生命とか死とかそういうものをなぞっているもので、すぐ近くにあるという感じがするんですけどね。

河合　これ（クモ）、おもしろいのは、これがなくてもできているんですよね。なのに、これが入っている。ものすごく大事なものですね、これ。それから、このゴリラもおもしろいですね。

茂木　これは何なのでしょう。

河合　ここにいるゴリラ、この背後は死、闇《やみ》の世界ですよ。死の世界の代表のようなものともいえるんですが、おもしろいのは、その背後に生き物がいるんですよ。だから、これがすごいおもしろい。死の世界で生きているというんですね。

こっち側（柱に囲まれた庭があるほう）は、もう、よくわかりますね。文明の世界で、知的なものとか、光とか。その反対のあっち側（ゴリラのいるほう）と対抗してるんですね。だから、そのわかりやすい世界への対抗というか、世界を変えていく努力みたいのがあっち側にはありますね。

「わからない」ことを大事にする

茂木　こういうものって、いまおっしゃったように、これは何の世界とかってわかるものなんですか。

河合　わからない。わからないのが大事なんです。だから、それが「可能性」なんですね。だからこれを続けると、その可能性が活躍したりするんですよ。

茂木　へぇ～、おもしろいですね。そうか、これとこれがわからない。そういうものが出てくるということがおもしろいわけですね。

河合　そうそう。つまり可能性がもう出てきてる。自分でもわからない可能性があって、そのへんが活躍しだす。だから、これの続きがあるというわけですね。続けていって、ああ、あれがこれかなとか、いろいろ考えるわけ。

茂木　なんかこれ（ゴリラ）が、私のなかでもすごく重要な気がします。いまとなったら時代遅れになってしまっているんだけれど、すごく重要で、温かいものというか。

むかし、すごい場末の寿司《すし》屋で、全然流行《はや》っていなくて、そこに老夫婦がいて、そのおばあさんがちょっととぼけたおばあさんなんですよ。牛乳瓶の底みたいなメガネをかけていて。あるとき入ったら、誰も客がいなくて、客の席でジグソーパズルをやっていたんです（笑）。暇だから、といって。そのときのおばあさんのニタッと笑った表情が、ちょっとこの感じに近いんですが……。そういう、現代では取り残されちゃったものというか。

あと、僕が小学校二年のときに、同じクラスにちょっと勉強ができない子がいて、その子と一緒に教室の後ろに座らされて、消しゴムみたいなのをこねていたことがあるんです。その子なんかの感じ……。絶対、現代社会にはあまり適応できないというか。

河合　うん。ものすごく単純にいってしまえば、この箱庭には、近代文明の光がある側の世界と、反対側のいわば闇の世界とがあるわけです。でも、この闇の世界のほうに、むしろ光があるんですね。温かくて、おもしろくて、守られている気がしますね。

ニワトリが牛耳る不思議な世界

茂木　そうですか。ゴリラとかがいるこちら側が守られていると。

河合　これ（ゴリラ）と対応してるというかね。これ（ゴリラの横にいる像）は何かご存じですか。

茂木　知りません。

河合　これは韓国の済州島《チェジュ》の守り神の人形です。済州島に火山があるんですが、そこの火山の溶岩でつくったとかで、行ったときに買ってきたんですよ。これ不思議なんですけどね、なんかしら買って持って帰ると、誰かしらがそれを使うんですよ。（笑）

茂木　へえ、そういうものですか。そういうものに目がいくというか。

なるほど。なんとなく感覚がつかめてきたなあ。こっち（光の側）よりも、あっち（闇の側）のほうに光が当たっていると。

河合　そう、むしろあっち側にね。それで、その光の世界と闇の世界をつなぐ役割を、このゴリラと、済州島の守り神が担《にな》っている気がする。しかもそれが、人間でないというところがおもしろいですね。

それから、右端の山の上にいるニワトリ、これが不思議ですね。科学でとらえられない存在、トリックスターのようなものですね。

茂木　そうかもしれません。なんだかこのニワトリ、世界を牛耳っているような気がします。

河合　世界を征服したんですよ、完全に。それは恐ろしい存在でもあるし、おもしろくもある。ニワトリをこのように使われたのは、すごく印象的でした。

箱庭をして帰って行ったゴリラ

河合　このゴリラでね、ものすごく印象的だったのは、ディプレッション（抑うつ）の人がこられたんです。そしたら、このゴリラをポーンと出してくるんですよ。そして、遊んでいるヒツジをバーンって殺そうとするんですね。そうすると、ヒツジはスーッと逃げてね、隠れるんですよ。「助かったァ」と思ったらね、「やっぱりそこにもいる」とかいって、またゴリラをバーンとやって殺すんですよ。
ゴリラってディプレッションでしょう、あれは。真っ黒で。それがヒツジを全部やっつけてね。僕が見たら、こっちを向いたんですよ、そいつがね。僕のほうに向かって「滅びた〜い」っていって。どうしてそうするのかなと思ったんですよ。そしたら、ゴリラが死んでね、「次に何をしようかな」って声を出してね、「箱庭をしよう」とかいって出てくる。（笑）

茂木　わっ、おもしろい。

河合　で、ゴリラが箱庭するんですよ。で、この箱庭のなかに花とかいっぱい入れてね、「ああ、おもしろかった。帰ることにしよう」って、あそこから帰って行くんです。（笑）

だからゴリラは、自分で箱庭をして、自分で癒《いや》されて、帰って行ったわけなんですけれども、あれはものすごく感激しました。

茂木　そんなふうに、ストーリーとして箱庭をする人もいるんですか。

河合　います。それは珍しいです、そういうストーリーになるのは。子どもさんでたまに動かす人がいますね。

でも大人で、このなかでむちゃくちゃに遊ぶ人がいますよ。「戦争だ」って、戦車かなんかで、思い切り遊ぶ人がいます。それは非常に珍しいですね。だいたいは、こういうひとつの作品をつくる。

世界全体を見ている「誰か」

河合　それで、あっち側の箱庭のすぐ外に立って、この作品全体を見ている人形がいますね。これ、ちょっとふつうやないな、というか。あっち側（闇の側）のほうに親近感があると思いますね。

こっち側から見ると、あそこでもっとこわいやつ（カメラマンのこと）が写真撮ったりしてますね（笑）。そういう近代人じゃないのが、この世界全体をあっち側の視点から見てるという……。

茂木　イメージとしては、むかしを遡《さかのぼ》らないと……。

河合　そういうのを、わりあい意識的につくられたと思うんです。

茂木　そうです。怖いなぁ。

河合　ところが、だんだん意識的ではないものが入ってくるんですよ、つくっているうちに。

茂木　そうすると、これは二十年前のバリエーションとして出てきたものがあったりもするわけですか。

河合　わかりません。でも、また次、つくられるとおもしろいです。僕は今日はわりとしゃべってますけれど、ほとんどしゃべらないです、一回目のときには。「ああ、おもしろいですね。次、つくりませんか」というだけです。ほとんど解釈をしません。あまりいうと、次につくるときに意識されますからね。

今日は一回きりで、対談なので長くしゃべったのですが。でも、興味があったら、またつくられたら？　どうぞ、やってください。すごくおもしろいです。

茂木　白い砂地と黒い砂地、どちらを選ぶとどうとかいうのは、なにかありますか。今日はほんとになんとなく、黒い砂地の気分だったんですけれど。

河合　そうですね。なんかそっちになってしまって、ちょっと「あれ」って思ったんですけど。

でもほんまに発展の可能性を感じるので、続けられたらええなと思うんですね。

茂木　これ、スクール・カウンセリングなんかにも導入されてるんですか。

河合　やってます。ものすごい使ってます。

茂木　箱庭の大きさは、タテヨコ何センチとかって決まりはあるんですか。

河合　あります。やる人がパッと見て、ひとつの世界に入るわけでしょう。だからあまり広げても具合がよくないし、これでひとつの世界がちょうどできるくらいの大きさになっている。この目の高さから、ひと目で把握できる大きさです。でも、箱庭をふたつつなげて使う人もおりますから。

　この砂を全部取り除《の》ける人もいますよ。すごい人はね、このなかに町をつくって、「砂嵐《すなあらし》にする！」っていうて、ボワーッ。（笑）

茂木　そういうときも、河合先生はあくまでも怒らないのですか？

河合　それはそれで、ものすごい大事ですからね。あんまりかなわんときは断りますけれど。そんなこととか、あまりにも興奮して危ないなと思ったら、そこでパッとやめます。

──ここで、別室に移動。そして、対話の続き。

そのアイテムを選ばせる「無意識」

茂木 三千個ぐらいですかね。箱庭の部屋に、アイテムがいっぱいあったんですが、僕がすごく不思議に思ったのは、棚をパッと見たときに、ハッと「これだ!」とわかるのがあるんですよね。ずっと探していた、というような。あれは何なのですかね。さっきのニワトリとかゴリラとか。

河合 ええ、そういうのは不思議ですね。「これは絶対使わないかん」とか、どこか呼応するものがあるんだと思いますね。その人にとって、大事な、表現したいXがあって、そのXに呼応するやつがそこにある。何回かやると、それが何を意味するのかだんだんわかってくるのですが。だからそういう意味で、いろいろおもしろいものを置いといたほうがいいんですね。

茂木　いま、僕自身二十年ぶりにやって、こういうモードになることって日常生活のなかであんまりないんですけれど、新鮮で、同時になつかしかったです。じつはひとつ思ったのは、もしかしたらこれは河合先生が理論的にやられているかもしれないのですけれど、「夢に近いなあ」と思ったんですよ。

日常のなかでは、あんなにいっぱいアイテムがあるなかで、一個を「これだ」と選んで置くということはないじゃないですか。

河合　はいはい、そうです。夢と同じです。ある意味ではほとんど同等というか。じつはね、ユングでは夢の分析が中心なんです。だから僕らも夢を重視して分析したり、いろいろ書いてきたけれど、その当時に夢の話なんかしたって、誰も聞かないんです。箱庭なら、みんな視覚的に見えるでしょう。それで、箱庭をまず導入した。

それで、みんながこれはおもしろいとわかったころに、「これは夢と同じなのですよ」という話をしたんですよ。

茂木　脳のなか、記憶のなかにいろんなイメージが収納されてますね。それを夢で見たりするわけですけど、箱庭をやるときはそういう自分にとっての盲点というか、そういうものを選んだりするのかなあと。

河合　夢よりも、箱庭のほうが意識的なコントロールが入りやすいんですね。夢で見るものは、自分ではもう逃れようがない。無意識のうちに見てしまうんですから。ところが箱庭の場合だったら、いやだと思う人は逃げられるわけです。そこがええんですね。

茂木　そうかそうか。完全に夢とイコールというのじゃなくて。

河合　夢よりも、意識に近い。意識に近いんだけれど、けっこう深いところまで見ることができる。

「先生、昨日観《み》た映画のシーン、つくりますよ」といってやるんだけれど、映画のシーンにないものが入ってきたりするんです。

茂木　それが重要なんですね。

河合　それがおもしろいんです。

東洋人の箱庭には自然が多い

茂木　前回、自分の夢は自分では分析できないんだという話をされていましたけど、河合先生ご自身は、箱庭をつくられることはあるんですか。

河合　もちろんあります。スイスで研究していたときもつくってましたから。ドラ・カルフ（箱庭療法を考案したユング派のスイス人治療者）さんという先生のところでつくって、それはおもしろいかぎりでしたよ。一九六二年ごろでしたか。

カルフさんも、むちゃくちゃおもしろがってました。やっぱり、東洋人って違うみたいなんです。で、いろいろいってくれて。

いまも、ときどき自分でつくるときはあります。たとえば、あるクライアントの人に対して、僕がなかなかうまく近寄れないとか、同情できないとか、共感できないときに、その人のことを思いながらつくったりします。

茂木　ああ、そういうことなんですか。つまり、箱庭というと、どうしても自分自身と向き合うような印象がありますけれど、そうじゃなくて、自分が第三者になる、というか。

河合　あの人やったら、どうつくられるかなと思ったり、その人に会ったあと、そのときの気分でつくり始めたりとか。

茂木　するとやっぱり、「ああ、なるほど。こういうところにこれが出ているのか」というふうにね、自分でも感心することがあるんです。

茂木　さっきいわれた、ヨーロッパの人から見て、東洋人はおもしろい箱庭をつくる、といった反応は、具体的にはどういう部分に対してなのですか。

河合　ベーシック（基本的）には同じです、人間ですからね。人間の無意識的な活動が視覚的に表れるというのは一緒なのですけれど、東洋人がつくるほうが、自然界のものをわりと多く入れたりするようですね。木をたくさん置いたり、森をつくったり。

それから、西洋人のほうが、アイテムの数は多いんじゃないかな。東洋人は、わりと少ないんじゃないですかね。それでいうと、茂木さんの箱庭はむしろ、西洋人に近いほうです。

無意識をつかみ出すとっかかり

茂木　なるほど。ちょっと不思議な感じがしますね。非常に奇妙なものが、箱庭では大切な気がしますね。説明できないものというか、印象に残るものが。最近思っているのですが、私の専門の「クオリア」もそうなんですけれど、じつは意識のなかで表象されているもの、たとえばいま、これを見て赤という色が目に見えているんですが、その後ろにある無意識のほうが重要なんじゃないかということに、最近、非常に関心が向かっていまして。

脳活動のうち、ある部分を意識化して、可視化するというのが意識というテクノロジー（機能）なんですけれど、その可視化したときのアイテムには、じつはその背後にものすごくいろいろな無意識のものがあって、アイテムは、それをつかむとっかかりなんだろうなという感じがするんです。

河合　いや、完全にそうです。夢もそうだし、箱庭もそうですね。

茂木　ふつう、そういう意味でいうと、意識と無意識というかたちで切り離して考えるんだけれど、意識自体が、じつはその背景に無意識を……。

河合　うん、そうなんです。箱庭なんか、とくにそういう感じがありますね。というのは、つくる人はわりと意識的につくってますからね。ところが、だんだんと裾野《すその》のほうへ出てくるんですね、知らないあいだにね。

僕らはそこに着目しているわけです。次にこられたとき、どうなるんだろう、どう変わっていくんだろうと。だから一回見て診断するんじゃなしに、継続することでその人自身が変革していく、ということのほうに中心を置いてますね。

茂木　私自身も、一回やっただけでもどこか変わったような気がします。

河合　みんな、自分でつくって自分で変わっていくんですからね。うまくできてる。僕はほとんど黙って見てるだけでいいんですからね。

ところが不思議なことに、おもしろいことが起こりだすと、それに関連したことをしゃべりたくなるんですね。あそこに座ってワーッとしゃべる。だから雑談しているみたいになるんだけど、僕から見たら、その箱庭の作品とすごく連動してるんです。

茂木　箱庭をつくって変わるということは、もし夢を見て、それをちょっと覚えていたりすると、夢でも変わるということですか。

河合　同じだと思います、私は。だから夢ばっかりやってる人で、箱庭みたいなものをつくられた人もいるし。両方ですね。夢をやったり箱庭をやったりという人もいます。

僕らはそこに注目しているわけですが、意識と無意識の関係というのは、脳科学のアプローチでいうとどういうふうになるんですか。

茂木　われわれは前頭葉にある種の自我の中枢《ちゅうすう》があると考えて、そこからある種の志向性というんですかね、それが向かっている先の範囲だけが見えているというようなモデルをつくっているわけですけれど、そこで留まるんじゃなくて、要するに、そのもっと背後にある、いろんなもののインターフェース（接触領域）というかな……。

たとえば、この赤という色を見るためには、ものすごく複雑な波長の情報処理をしているわけですけれど、それは無意識のなかでやるわけですね。その無意識のプロセスの結果だけを見ていることになるんですけれど、それが単なる赤というのではなくて、もっと心というか感情が作用するときがあるんです。さっきの箱庭でいうと、あのニワトリなんかそうなんですけれど。なんとなくいやなやつというか。（笑）

河合　いやなやつなんやけど、やっぱり置かざるをえないというところ、恐ろしいね。

茂木　意識のなかでは、ニワトリの形が単に見えるのではなくて、その後ろにある膨大な、無意識の情報へのとば口というか、インターフェースとして機能している。

だから箱庭をやると、これは無意識のものが噴出しているな、というのが自分でもわかりますよね。

「シンクロ」はどうして起こるか

河合　それが僕のテーマになってるんです。たとえば、ニワトリならニワトリが、心のなかに残っているわけですね。で、帰ろうと思ったら、本屋でニワトリの本がパッと目に映ったりするとか、そういうことがあるわけです。必ず買って読もうと。

茂木　それが、ユングのいう「シンクロニシティ」（共時性）ですか？

河合　ええ、そうそう。

茂木　じつはシンクロニシティって、ぜひ理解したいと思っていながら、なかなか本質がつかめないでいるんです。いまも、なんかつかめそうでいて、まだ理解できてない……。

なぜかというと、ふつう世間でシンクロニシティというと、因果的に何かと何かが同時に起こって、じつは後ろでつながっているとか、そういうふうな解釈が多いですよね。そうだとすると、自分がさっき箱庭をつくってニワトリを選んだということと、本屋にニワトリの本があったというのは、因果的にはなにか関係しているんですか。

河合　関係ないですね。非因果的ということはものすごく大事なんです。

茂木　そのあたりが、ちょっとまだ、自分のなかで……。

河合　それが、みんなどうしても因果的にものをいいすぎる。それはわれわれ人間の思考パターンで、とくに近代科学以後は、因果関係を知るというのはすごく便利なことで、役に立つことでしょう。因果関係がわかったら、こちらの意図で操作できるわけですから。だからそっちへ行きすぎて、非因果的連関を見る態度を失ったんじゃないかと、僕らは思っているんですね。

非因果的連関をおもしろがる

河合　僕なんかは、この非因果的連関のほうをけっこうおもしろがって見てるわけですね。もちろん因果的にはつながらないんですよ。ただし、ミーニング（意味）はあるわけだから、そのミーニングを知ろうというわけですね。

茂木　なんとかカギは見えてきたのですけれど……。そのシンクロニシティで出てくるものというのは、じゃあ、自分の無意識のなかで大事なもの？

河合　そうであると、僕らは見るわけですね。自分では知らなくても、非常に大事なものであると。

茂木　なるほど。なにか感触のようなものはつかめてきますね。たとえばですね、私が今日、箱庭の部屋にうかがって、ゴリラにせよ、ニワトリにせよ、「これだ」と思ったわけですね。その現象と、本屋でニワトリの本を買わずにいられないというのは、同じだと？

河合　すごく似てますね。

茂木　そうか。なんとなくつかめてきた。

河合　あれだけアイテムがあるのに、「これだ」と思うというのは、考えてみたら傑作でしょう。それ以外のものを使う気にならず、「これだ」って思うんですからね。

茂木　そうか。今日、初めてつかめてきたように思う。そうすると、たとえば一日中こうして動き回っていて、ありとあらゆるものを見ますよね。そのなかで、自分の無意識が、いますごく気に懸けていることに呼応するものが、たまたまあったときに、そこに注意がいくと。

河合　僕なんかは、いつもそこに注意しているわけですね。一般的な関係は平気で無視して。だから、いろんな人がおるなかで、「あっ、あの人」と思った人がいたら、わりと長くしゃべったりとか。それから本屋に行っても、なんかパッと見える本があるでしょう。その本はもう絶対に買うとか。

茂木　だんだん見えてきました。

河合　だから考えたら、人よりよっぽどおもろい生活してるよね。

因果のしがらみを解きほぐす

茂木　そうか。シンクロニシティというのは、外のものと外のものとがシンクロするんじゃなくて、自分の無意識と外のものとが呼応すると。
河合　絶対、そうです。で、無意識で動いているのが、外に出てきたりね。その出てきたものの背後には無意識がある。「世界」という場合、僕らは意識・無意識、全部含めて世界を考えているわけですから。だけど現代社会で生きるには因果関係のほうが便利だから、もうそれに慣れすぎて、それしか思考パターンとして動かしていない。
茂木　意識とか合理性のレベルで、「いまこういう情報が必要だから、この本を読もう」とか。

河合　そういうふうにやっていくのもひとつの人生だけども、それやったら、人生のおもしろみの半分ぐらいしか楽しんでないんじゃないかと思うわけですよ。僕みたいにやってても、それはそれで、ちゃんとこうして生きているわけですね。

それから、多いのが、間違って因果的関係をとらえている人ですね。ものすごい単純な因果関係をつくって、「オヤジが酒を飲むから子どもが悪くなる」とか。もし本当に因果関係があるなら、酒飲みの子どもはみんな悪いということになるでしょう。反対に、酒をやめたら子どもがよくなるとか、絶対そうだとはいえないでしょう。

とくにいまの世の中は、そういう因果的な思考でがんじがらめになっている。それを解きほぐす者として、僕らセラピストの役割というのは、ものすごく大きいんじゃないかと思いますね。解きほぐすことによって、その人の世界は、もっと豊かで、広くなりますね。

ほんまに大人の人が、あんな箱庭で砂を触って遊ぶなんていうこと、日常じゃほとんどやってないわけでしょう。それをするだけでも、ちょっとタガがゆるんできますよ。

箱庭で体験するシンクロニシティ

茂木　そうするとある意味で、箱庭はシンクロニシティをギューッと濃縮して、体験しているようなものなんですね。

河合　そういうところがありますね。

茂木　本当の意味での創造性って、そこらへんからしか出てこないような気がしますね。考えてみると、もったいないですね。

河合　本当にそうです。むかしに比べれば便利になっていることも事実なんですが、全部そういう思考にしてしまうのはね。その思考パターンばっかりで人生を考えるように、ちょっとなりすぎてるんですね。

茂木　箱庭というのは、脳科学的にいってもすごくチャレンジング（魅力的）なものだと思うんです。瞬間的にわかるというのがすごいんですよ。

河合　はい。

茂木　ある種のパターン認識。しかも、好き嫌いとかそういうものとはまた違うんですね。（笑）

河合　いや、本当ですね。好きだから置いとるわけじゃないからね。

茂木　箱庭という設定があるからこそ、自分にとって意義深さが瞬間的にわかる。

つまり、さっきあそこで箱庭をしているという文脈に置かれていたから、ニワトリとかゴリラを見たとき、パッと自分のなかに意義深さというか、何かがきたんだけれど、普段の生活だったら見逃してるかもしれませんよ。

河合　それはね、やっぱり僕が一緒にいて、見てるということがものすごく大きいです。

茂木　その関係性という文脈で。

河合　ちょっと違う世界へ広がっていくというか。くるときに、「今日は山でもつくるか」なんて思うてる人が、僕の顔を見てあそこに入ると、バーッと変わってくるんですね。

それとか、ずうっとふつうにやって終わるかと思ったら、最後に赤ちゃんの人形を捕まえて池にボーンと放り込んだりね、そういうことが起こるんですよ。「なんでそんなことしたんですか」いうたら、「これ、やらざるをえなくなりましてね」なんていって。

茂木　逆にいうと、シンクロニシティをつねに探してるような気持ちで世の中を見てたら、全然違って見えますね。

河合　なかなか違うことが見えますよ。

茂木　そうですよね。ちなみに河合先生は、どれぐらい頻繁にそういうことがあるんですか。

河合　いや、それも解釈の仕方でしょう。いつもそう見ようと思ってたら、みんなそうなるでしょう。

僕はよくいうんですよ。僕がここにいて、いまここにこの灰皿があるというだけでも、こんな不思議なことはないんちゃうか。「なぜ、この灰皿が、いまここにあるんやろ?」と思うだけで、一日暮れますよ、って。

そういう見方で、こう生きてるわけだから、まあ、おもろいこと多いんですよね、ほんまに。

世の中を縦糸と横糸で見てみる

茂木　何なんですかね。そこから広がっていく世界観って。現代において、しいて対応物を探すとすると、何でしょうかね。

河合　う～ん。ちょっというならば、社会を構築してる横糸ばかりみんな見てるけれど、縦糸があるのを忘れてるんちゃうかという感じですね。縦糸と横糸があるから、すごいおもしろいのに。横糸だけでも模様はできるけれど、やっぱり縦糸が入るとすごく違うでしょう。

そうすると、腹が立つことも減るんじゃないかな。みんなが怒りそうなときでも、「これ、おもしろいね」って、いえるでしょう。

茂木　たとえば、箱庭をやるわけじゃなくても、あの部屋に入って、じっと周りを見わたしてみて、自分が気になるアイテムがないかって探してみるというのでもいいんですかね。

河合　そうです。そういう自分のふっとした心の動きに、忠実に。ただむずかしいのは、この社会はそうでないほうでいっているからね（笑）。そこをずっと自覚していないと。下手にやってると、あの変人とか、勝手者とか、そういうふうにいわれるわけでしょう。だからそこをずっと考えてないとだめ。

茂木　そういわれると、ちょっと心当たりがあるな。なぜかみんなから「変な人」だといわれる人がいるんだけれど（笑）、その人が「変な人」なんじゃやなくて、そういう世界で生きているということなんですね。

河合　創造的な活動をする人は、みんなそっちに心が開かれてますからね。だからちょっと常識と違うことをしても、それは創造的であるということで評価されている。「勝手者だけど、いいことやってるし」ということで、みんなに許容されている。

茂木　ふつうの人で、そういう人がいると、ちょっと困っちゃう感じ。（笑）

河合　ふつうのように見えて、そういう才能のある人っているんですよ、たしかに。

貴重な物を扱ってるときに、いきなりバーンと壊したりね。まじめにデートしているのに、急に相手の頭を叩《たた》いたりとかね。そういうタイプの人っているでしょう。そういう人は、どこかで無意識的な力に、わりと忠実に動いてる。

関係性でのみ成り立つ確実性

茂木　いま脳科学では、非合理的なものというのは「不確実性」というかたちでとらえられることが多いんですけれど、でも僕、ふっと思ったんですけれど、シンクロニシティというのは、むしろ確実なものですよね、不確実というより。

河合　そうですよ。

茂木　瞬間でパッと決まるわけですからね。

河合　それがおもしろいんですね。それを、いまの世界では因果的に説明できなかったら、不確実ということで片付けてるんですよ。

茂木　片付けちゃっているけれど、じつはシンクロニシティみたいなものは、確実なものであると。

河合　ちょっと角度の違ういい方をすると、雅楽の東儀秀樹さんがいるでしょう。東儀さんと話をしていたら、東儀さんは西洋の人に雅楽の説明をするときに、どうしても「雅楽というものは曖昧《あいまい》なものだ」というふうにいってしまうというんです。けれど、「これしかない」という音楽をやってると、なにも曖昧ではなく、「こんなに確実なものはない」というんです。

ただ、「これしかない」という音が、四畳半で二人ぐらいに聴かせているときと、大広間で大人数を前に演奏するときとは全然違ってくる。つまり、音自体だけでいうと曖昧なんやけど、「関係性」においては、それは確実なものなんです。

ところが、それは楽譜に書かれてあるわけではない。そういう意味で、どうしても「曖昧」と自分たちはいってしまうんだけれど、本当は「これしかない」というつもりでやってるというんだよね。これ、おもしろいでしょう。

茂木　おもしろい[illegible]。「曖昧」と片付けているもののなかに、じつはものすごく筋が通ったものがあるということですよね。あるいは、「偶然」と片付けているもののなかにも。

河合　そういうことですね。そのへんのことがすごくおもしろい。

ところがね、むずかしいのは、僕らが研究しようと思った途端に、それが近代科学になるんですよ（笑）。それで、だんだんおかしくなってくるんですよ。本当にむずかしいですね。

だから僕は、「学問の世界も、もうちょっと違うことをやれ」いうてるんですよ。それも学問として認めよ、と。

僕もまあ、京大におったから教員になったけれど（笑）。うちの河合雅雄《まさお》（河合隼雄氏の兄・京大名誉教授＝動物生態学）がおるでしょう。あれも変わったことやってるから、「僕ら、京大におったから教員になってる。もし東大へ行ってたら、どうなってただろう」と僕がいうたら、兄貴が「心配するな。受験で落ちてる」って。（笑）

茂木　東大と京大のあいだにシンクロニシティがあるか。むずかしい問題ですねえ。（笑）

科学主義との果てしない戦い

茂木　近代合理主義というか、科学主義の行きすぎという部分ですけれど、世間もよくわかっているもので、最近、学問に対する尊敬の念が薄れているというのは、やっぱり、おもしろいことをやってないからだと思うんですね。ホームランか三振かでいいと、私なんかは思うんですが、バントばっかりが多くなっているよなぁと。学問の世界で。

少し変わった研究をすると、異端だとか周辺とかに追いやられる。まさに、箱庭もそういうご苦労があったのではないですか。

河合　ただ、ありがたかったのは、箱庭の場合、ふつうで治らないむずかしい病気が、どんどん治っていったんですよ。そこに、すごい説得力があった。

みんな初めは「なんや、それ」といってたけれど、実際に治っていくからね。一回目、二回目、三回目とやっていくと、変わっていくのが素人《しろうと》目にもけっこうわかるんですよね。

それでも最初のころは、「標準化されていないからだめだ」とか、いろんなところでいわれました。

茂木　自分のなかにも、そういう部分があるような気がします。標準化とか、合理化とかをすぐ考えてしまう傾向というか。それを否定したい自分との両方がいて、それが世の中の現象にも出ているというか。

それにしても、箱庭をああしてやらせていただいて、自分でも思いますが、すごくエネルギーを使いますね、あれね。エネルギー発生装置だな。開放されていくんですよね。あれに相当するものって、なかなかないと思うなあ。

箱庭をしているときの脳活動

河合　脳科学の研究として、こういう箱庭の効果というか、なんかそういうものはありそうですか。

茂木　絶対にそのうちあると思いますよ。いま思い浮かんだんですが、ひとつありうるのは、箱庭をやっていると、なぜかすごく気になるアイテムが出てきますね。そのアイテムを見ているときの脳活動と、そうじゃないときの脳活動を比較して、どこが違うか、というのをまずやるべきでしょうね。

河合　そういうの、やりたいですね、一緒に。僕もね、箱庭でそういう研究をすればおもろいこと、いっぱいあると思うんです。

それからね、もうひとつ僕が思うのは、こういうところでしゃべっているときの脳活動と、あの部屋に入ったときの脳活動は、絶対変わっていると思います。

茂木　それもやりたいですね。箱庭をやっているとき、独特の文脈があるように、固有の脳活動がある。

河合　あと、人が箱庭してるのを見てる僕の脳活動もどうでしょうね。僕の脳は、知らんあいだに訓練されてますからね。

茂木　絶対、ありますよね。そういう固有の脳活動を知ることで、ずいぶんいろいろな研究が進展するような気がします。シンクロニシティ固有の脳活動って、絶対あると思いますから。たぶん、ここらへんがこうなって……とか、予想もできるんですが、見てみたいですね、実際。

河合　一度、そういうの、本当にやりたいですね。僕はもう余生は、遊んで暮らそうという気持ちとね、そういうの、やったるかなというのと、ふたつあるんです。もうやりたいこと、いっぱいあってね、ハハハ。

茂木　なんかできそうだなア。

河合　僕があの部屋にいるとき、どんな脳活動をしているか。ここでしゃべっているときはどうか。そういうのをやってもらえると。

茂木　逆に、こういうふうになってるんじゃないか、という予想みたいなものは、ございますか。

河合　やあ、生理的な側面としてはわかりませんけれど。

茂木　主観的にはどんな感じなんですか。

河合　やっぱり、普段活動しているところは、ほとんど停止しているんじゃないでしょうか、おそらく。たとえばこうして対談してたら、茂木さんがいうことに対して、僕がいろいろ判断せないかんのでね。だけど、あの部屋にいるときは、そういう判断能力はほとんど停止しているように思います。だからすごく、それって興味あるんですよ。

茂木　そのかわりに、どういうものが活性化していると思われますか。

河合　ほとんど活性化してないんじゃないかな。眠りにものすごく近いんじゃないかしら。あえて単純化すると、意識よりも無意識のほうに近いような。

茂木　おもしろいですね。

河合　なんか、やれそうだったらやりませんか。箱庭してる人を見ている僕と、ふつうに話をしている僕と。あと、僕は夢分析もしますからね。クライアントから夢の話を聞いてるときの僕の脳とか、きっとおもしろいと思いますけどね。

茂木　なんか、とんでもない対談になってしまって（笑）。そんな妙な研究、聞いたことないな。ちょっと調べてみようかな。アナリストが分析しているときの脳活動。

河合　きっとおもしろいですよ。だからそっち（東京）へ行って、夢分析するだけで、おもろいかもわかりません。

科学と「人生」との乖離《かいり》

茂木　前回、解離性同一性障害の話をされていたときに、「治療者と患者の関係性に依存する」という話がありましたね。いまの脳科学は、そこらへんがまだ全然扱えていないんですよ。あえて関係性を断ち切ってしまうというか。

河合　関係性を断ち切ることで近代科学になるんですよ。

茂木　そうなんです。箱庭をやっているときも、患者と治療者の脳活動に複雑な関係性があるから、患者さんがよくなっていく可能性があるわけでしょう。そういうのってだめなんですよ、科学は。そういう要素は全部切って、純粋にもう、とにかく無菌室みたいなところに入れて、となっちゃう。でも、すると逆に、なにもなくなっちゃうわけでしょう。

河合　そうそう。そっち側でないほうを僕はやって見せるわけで。そういうことも、よう考えたら案外おもしろいかもしれない。

茂木　だから、いまの科学と、われわれ一人ひとりの人間の人生とのあいだに乖離ができちゃってるんじゃないかと。

河合　僕ら臨床家としては、実際にこられた人の役に立たないといかん、というのが第一ですから。科学であろうとなかろうと、ともかく相手の役に立たないかん。そこから出発しているわけですよね。

茂木　実際には、切り離して、隔離して、純粋化するというのは、役に立たないわけですよね。関係性をむしろ濃密にしていかないと。ややこしいですよね。

河合　ややこしいですよ。だから、「もうええわ」と思うときと、「せっかくやから、ちょっと一丁うまいことやるか」（笑）、という感じになるときがあるんですね。

脳活動というのは、意識的に部分を活性化とかできるんですか。たとえば、自分で側頭葉を活動させるとか、前頭葉を活動させるとか。

茂木　それは、ある程度できます。といっても、完全に意識的に可能だというわけではないんです。そういう意味でも、やっぱり「文脈」との関係性のもっている力ってすごいですね。

だって、たとえば新宿の雑踏のなかで、箱庭療法をやっているときのような感じになってくださいといっても、無理でしょう。

河合　そうですね。絶対ならないですね。

茂木　しかし、ここにきたら、スーッとそうなっていくというのは、本当に不思議ですね。

河合　自分でもいってるんですけれど、「僕らの鍛えに鍛えた才能や」って（笑）。僕という人間に会って、部屋に入ったらスーッと、もう空気が変わるわけですからね。そうするとみんな、思い思いのいろいろな話をして帰って行かれるわけですよ。だからどんな人がきても、しゃべりたくなるような顔をした人間が、常時ここにいるみたいな……。

茂木　本当に不思議だよなぁ。

身の上話に夢中になる運転手

河合　ある意味でいうと、バッターボックスに立っている野球の選手なんかと似てるんちゃうかと思うんですけどね。あのバッターボックスに入っている状態って、特殊ですよ、絶対。あれに似たようなことが起こってるような感じがしますね、部屋に僕が入っていくときなんか。

ときどき起きるのは、僕の乗ったタクシーの運転手さんなんかが、むちゃくちゃに身の上話なんか始めるんですよ。

茂木　エーッ！　そりゃおもしろい話ですね。（笑）

河合　タクシーに乗るでしょう。すると「私は、本当は別の仕事をしていたんですよ」とか話しだすんですよ。それで僕が「へぇ～」とかいうとね、ブワーッと話が続いてきてね。それで、曲がり忘れたりね（笑）。まるっきり違うとこに行ってたりするんです。そこでメーターを倒して、「ここからタダで行きますから」とかいって（笑）。そのあいだ、もうずっと、身の上話。

茂木　河合先生ってわかってのことですか。

河合　いやいや、全然知らんのですよ。

茂木　わからないで、なぜか身の上話をするんですか。

河合　うん、しゃべりたくなってくる。だからこのごろタクシーに乗るときは、こわい顔して乗ってるんですよ（笑）。ちょっと意識して。そうじゃないと、うっかり、なんかちょっと「ふんふん」なんて相づち打つと、ブワーッと始まっちゃうから。

茂木　その相づちの打ち方とか口調とかひとつで？　すごい話ですね。運転手さんも夢中になって、そこでセッション（面接）をやってるんですね。

河合　ところが、なんかばかな冗談いうから、僕もばか話好きやから、二人でばかなこといいまくってゲラゲラ笑っておったら、「おっしゃいますな、河合先生」といわれて（笑）。ばれてたか、お前知ってたんかって。そういうときもあります。

「運命の人」も文脈のせい？

河合　いつも脳の話を聞こうと思って、違う話になっちゃうけど。

茂木　いえいえ、脳の話にちゃんとつながってますからね。実におもしろいですね。宿題をまたいただきまして。とりわけ今日は、シンクロニシティというものを、なんとなくつかみかかったんで。一見関連のないものに意味を見いだす際の脳活動、調べてみると絶対におもしろいです。

だけどいい換えると、瞬間的に判断する能力は、やっぱり脳には存在するということですね。そういう文脈になれば、「これだ」って瞬時にわかるということだから。

河合 そう考えたら、やっぱり人間の脳というのはすごいもんですね。パッと見て、「これだ」って脳が思ってるんだからね。判断してるんだからね。

茂木 すごいですよね。よく女の人が、「見た瞬間、この人が運命の人だと思った」というけれど、あれも文脈かもしれない。たぶん。（笑）

河合 それはね、実際そうですよ。

茂木 それとも、その相手固有の特徴が、そういう文脈のなかにあったとか。河合先生の箱庭療法みたいな文脈にいたから、たまたまその人はそう見えちゃったとか。

河合 だから外国で結婚すると、失敗する人って多いでしょう。違う文脈のなかで出会って、結婚して、向こうで喜んでいてこっちへ帰ってきたら、また違う文脈で生活していくわけだから。それから、外国で日本人に会うと、すごくしとやかに見えたりするんですね。どんな人でも。それが日本へ帰ってきたら、全然そうじゃなかったりするから。

河合　それと、仕事をしてるときとはやっぱり、顔が違いますからね。職場結婚が多いのは、ひとつはそれですよ。職場のなかで輝いているからね。で、職場で輝いている人は、家庭であまり輝いてないから、結婚すると「あ～あ」ってなってくる。だからなかなかむずかしいですよ、ハハハ。（笑）

（二〇〇六年二月三日、京都にて収録）

第三回

「魂」を救う対話

——茂木さんが講師を務める、朝日カルチャーセンター（東京・新宿）の連続講座に、特別ゲストとして招かれた河合さん。客席の約二百名の聴講生を前にして、これまで二回の対談をふまえ、ユーモアと含蓄あふれる対話が始まる——。

脳治療の倫理的課題

茂木　今日は私がホストという感じなんですが、よろしくお願いします。河合先生に最初にお目にかかったのは、雑誌の対談で、あれ、去年（二〇〇五年）の十一月末でしたね。

河合　はい。

茂木　非常に感銘を受けまして。そのあと、河合先生の京都のクリニックに行って、ちょっと心の悩みを……じゃなくて（笑）、箱庭をつくらせていただきましてそれでいろいろお話をさせていただいたのですけども。

河合先生、最近テレビ番組（NHK総合、二〇〇六年四月二十四日放送、プレミアム10「立花隆が探るサイボーグの衝撃」）で、立花隆さんのお話をされてましたね。

河合　ええ。僕が立花さんの番組（NHKのサイボーグ関係のシリーズ特集「NHKスペシャル　サイボーグ技術が人類を変える」など）を観《み》て、おもしろいなと思って。それはやっぱり脳ですからね。このごろ、どうも脳づいているみたいですね。

茂木　それは、どんな？

河合　いや、それを先に言うてええんかなと。（笑）

サイボーグの話なんですけどね。要するに、人間の脳からくる神経の信号をコンピュータで読み解いて、そして義手をつけると、人間が「握りたい」と思えば、その義手がグッと握るんですね。ふつうの手と同じようになるんですよ。

そういうのをいろいろやられるんですが、そのなかでいちばん僕がびっくりしたのは、パーキンソン病ってありますね。手や足が震えたりする病気ね。あれは、脳のある部分の神経伝達が問題だということがわかっているわけです。だからその脳の部分に電極をあてて調整すると、動きがスーッとふつうになるんです。まったくふつうになられます。

電極をオフにされると、またバーッといっぺんに症状が出る。ところがオンにしたらスーッと元通り。まったく元通り。すごいですね。劇的なんです。

それから、もうひとつびっくりしたのが、ディプレッションなんですね。ディプレッションはみなさんご存じですね。「抑うつ症」といいます。気分が沈んで、本当に何もしなくなる。われわれはそういう人にお会いしているのですが、脳の中に「悲しみの中枢《ちゅうすう》」と、その学者は名づけているのですが、悲しいときに非常に活動する中枢部分がある。

そこへ、やっぱり電極をあてて調整すると、そのディプレッションが完全に治って、まったくふつうになる。それ、映像で流してましたけれど、本当にもう、困っておられた方が、仕事も行ける、何でもできるようになってらっしゃるんですね。

立花さんはおもしろいい方をしておられて、「脳にも『人格脳』と『身体脳』がある」と。「身体脳」というのは、身体《からだ》のあちこちを脳の指令で動かしている。しかし、僕がこうしていましゃべっているときとか、ちょっと自分の考えなんかを入れるときは、もう「人格脳」が関係してくる。

そうすると、「身体脳」のほうをいろんな治療によって治すのはよくわかると。しかし「抑うつ症」の場合、つまり寂しいわけですからね。そういう悲しみとか、感情を操作するようなことをやっていいのだろうか、「人格脳」の治療をどこまでやれるのだろうかという、すごい大きい問題が出てきたと。

そのディプレッションも、全部それで治るわけではありません。十一例中、治ったのは八例ということをいっておられました。

問題はそれを、どこまでやるかですね。たとえば、「強迫神経症」というノイローゼがあります。わかりやすいのは不潔恐怖。汚いというんで、家に帰ったらすぐ手を洗わずにはいられない。トイレに行ったら、うんと手を洗って、蛇口に触っても「蛇口が汚れている」というんで、蛇口を洗って……。そういう強迫神経症の方も、その治療法で「治るんじゃないか」とまではいっておられました。「治った」とはいわれませんでした。

こういうことをどう考えるかという、非常に大きい問題ですね。立花さんも「これは大変な問題だ」というところで終わってます。

脳科学に限界はあるか

茂木　河合先生はもともと、「関係性」というのを非常に重視されてますね。
河合　はい、そうそう。
茂木　そういう「関係性」を重視されるというお立場から、そのような即物的なオペレーション（施術）というのは、どうなんでしょうか。
河合　私はやっぱり、ある程度は可能だと思いますね。だからそういうのも、やれることはどんどんやっていいんじゃないかという気はしますけれど。ただ、やってもいいけれど、それで全部が解決するわけでは、絶対ないですね。とくに、やっぱりそこで話題に出てましたが、「統合失調症」、むかしは精神分裂病といってましたね。これはどうなるんでしょうと立花さんが質問されたら、「そこまでいくだろうと思うし、いってほしい」といういい方をされましたが、「できる」とはいわれませんでしたね。

私の考えでは、なかなかそこまでは簡単にいかないと思ってます。抑うつで、もう本当に気分が沈んでいる人を、いくらか気分を軽くしてあげるということはある程度可能だと思うんですけれど、しかしそこから先はまた別な話じゃないかなと。そんなふうに思ってます。

茂木 現代における脳の語られ方というのは、どちらかというと、むしろ単純に割り切って語られることが多いですね。

河合 日本のある脳外科の先生が明快にいっておられました。「脳のことが全部わかったら、心のことが全部わかるとは、けっして思わないでくれ」ということ。すごく強調しておられましたね。脳は、心とは別のものだと。そう簡単に、一致させて話をしないように、ということを脳外科の先生がいっておられました。私もそう思います。

夢のなかで「意味」がつながるとき

茂木　僕は河合先生とお話しさせていただいたあと、いろいろ考えたんですよ。それで、ひとつ非常に最近気になっているのは「夢」の問題でして。夢って、やっぱりそう単純に割り切れない心の働きのひとつだと思うんです。

河合　そうそう。

茂木　ひとつ、ふと気づいたのが、『意味』というものは、現実では分断されている」ということなんです。

自分がすごく関心のある人に会いたい――たとえば、河合先生に僕は会いたいと思ってますよね。前回、京都のクリニックにうかがって以来、ずっとお会いできなくて、そのあいだにいろんなものが入ってきますね。ですから河合先生とこの前お話ししたときに自分の心のなかで立ち上がったものが、もし「意味」のダイナミックス（力学）のなかにあるとすると、それはそのあいだにいろんな日常のことが分断して入ってきて、つながらないんですよね。ところがふと、じつは「夢のなかでは、『意味』というものが、現実の束縛から離れてつながっているんだ」と気づいたんです。バラバラになってないんです。そう考えると、夢のダイナミックスってすごいなと、あらためて思ったんですが。

河合　いや、もう、やっぱり、すごいもんだと思いますね。あんまりすごすぎて、わからないことが多すぎるんですけどね。

われわれはふつう考えるときは、分けて考えたほうがわかりやすいでしょう。「この問題はこう分けて考えましょう」というけれど、本当は分けられないんじゃないかと思うんですよ、人生でもなんでも。だから本当は分けられないもの、徹底的に分けられないものの意識が夢に出てくるんですね。

日常生活のなかでは、物事は分けて考えたほうがいいことが多い。それから分けるだけでなくて、割り切って考えるというのがあるでしょう。ひとつの例を出しますと、ある自殺未遂をする人で、自分のことを完全に割り切って「自分はこんな人間だ、いつ死んだっていいんだ。死ぬのはなにも怖くない」というてた人が、夢のなかでは死ぬのがむちゃくちゃ怖くなるというんですよ。

夢で、「あなたはがんで死にます」といわれて、「絶対そんなことはない。なんとか治りませんか」と、ものすごい頑張ったところで目が覚めるというんです。夢のなかで、「自分はこんなに生きたがるんだ」という体験をされるんですね。

人から「死にたいなんて、なにいってるんだ。あなたも本当は生きたいと思ってますよ」といわれるんじゃなくて、本人が体験をして目が覚めるわけですから、すごい「ハーッ」と思うわけですよ。そういう「生きたい」というふうなことも、その人のなかでは動いているんだけど、日常では割り切ってものをいっているから。自分がこうだと思い込んでいるほど、誰も自分自身のことをわかってないんじゃないかと、僕はいつも思っているんですけれどね。夢なんかで、そっち側のわからないほうが夢に出てくるんですね。

自己矛盾を解決するための装置

茂木　脳科学ではいま、夢というのは「記憶の整理」だと考えているんですね。記憶の整理のときに、まさに自分のなかでバラバラになっているものが統合されて、ひとつのかたまりになるっていうか。「意味」的に近いものって、経験のなかではバラバラに起こりますよね。たとえば、この「意味」に近いものは今日起こって、その次は一か月後に起こって、またその一年後に起こるみたいな、そういうものを現実の空間の距離じゃなくて、「意味」のなかの距離で再統合するのが夢なのかな、と思うんですけれど。

そのときに、一見なんだか自分にとってもわからないようなものとして現れてくる……。

河合　だから「再統合」というと、ちょっときついんじゃないかな。統合ということ自体がもう、僕らの考えで、なんかこう、まとまりをもっているけれど、そのまとまりというのが、われわれがふつうにいってる統合よりも、もっと途方もないんじゃないですかね。

茂木　途方もない？

河合　ええ。たとえば統合的なんていうと、それだったらあまり統合のときに矛盾があったらいけないと思うでしょう。ところが夢のやっている統合は、もう矛盾だらけの統合をしているんじゃないかというふうに思いますけれど。

たとえば単純な例でいうと、誰かが就職するようなとき。君の就職をなんとかしましょうといってくれる人に会うと、「あの人はいい人や。ものすごく感じのいい人やった」と思って帰るんだけれど、本当は別のところでもっていた、「あいつちょっと変なやつや」とか「どうもあいつの目つきは怪しかった」とか(笑)、そういう余計な感情を、その就職したい人の知覚は全部、排除するんです。で、自分に都合のええことだけを記憶するわけですね。帰ってきて、「どうやった?」といったら、「あの人、いい人やった。ものすごいいい人で、自分のことを考えてくれて、本当に感じよかった」というけれど、夢のなかでは、排除した部分のほうが出てくるわけです。悪いほうがね。

本当は立派な格好をしていたその人が、ものすごく変な格好で出てきたりするわけですよ。そのときには、やっぱり知覚しているんですよね、ある程度。知覚しているんだけれど、自分の通常の意識のなかに入れてないんですよ。入れてないんだけれど、脳のどこかに残るわけでしょう。それを茂木さんがいうように、うまくおんぶしていく。

それも、統合といってもいいんだけれど、その統合いうのを、あまり焦《あせ》るとまた、通常の統合になってしまうんじゃないかと思うんです。

言語に依存しすぎの現代人

茂木　河合先生は、以前私と話をされたとき、「誰かと話していて、聞いているこっちがつらくなるときは、相手の症状が重いんだ」とおっしゃってましたね。
河合　はい。
茂木　それは、カウンセリングをされるなかで、はっきりと感じられる実感なのでしょうか。
河合　話の内容には関係なく、こっちの苦しみのほうが多くなるんですね。
茂木　そこまで確固とした感覚があるのでしょうか？
河合　そうですね。こられた方に「どうですか」いうたら、「いや、べつにふつうです」いうて、そんなに困ってないようなことをいっておられるんだけど、そのうち聞いてる僕がものすごく疲れてくるんです。すっごくしんどくなってくる。こういう人は、絶対、むずかしい人だと思いますね。その人の言語的表現と違うものが僕に伝わってくるわけですね。そういうものをキャッチできる人間に自分を鍛えているんじゃないかと思いますけれど。

ふつうの人だったら、「いかがですか」「ふつうです」「あ、さよなら」というなるんだけれど（笑）、僕は、そうしない。そのときの言語以外のものを全部、キャッチしてるんですね。

茂木　その話をうかがって、僕はこのあいだある作家の方とお目にかかる機会があって、三時間ぐらいしゃべったあと、ものすごい疲れたんですよ。本当にもうなんか、いままで経験したことがないぐらい、もうドーッと重くなって。それで河合先生の話を思い出したんですね。（笑）

河合　いや、その方も疲れたんじゃないかと僕は思いますけれどね。（笑）

茂木　それって、何なんですかね。

河合　やっぱり僕らの知覚というのは、どうも言語に頼りすぎているんですよ。言語表現に頼りすぎているけれど、本当は僕の体験なんかでいうと、言語で表現されてるのは一部分でしょう。たとえば、「どうでした？」と訊《き》いて「ああ、おもしろかったですよ」といったって、たんに「おもしろい」いうようなもんやないでしょう。ほかに、ものすごいたくさんありますね。それをいちおう「おもしろい」という言葉にしているわけです。

その言葉にするときに、その人の体験が、その人のなかで動くじゃないですか。そういうのを僕らはキャッチしていると思う。そういうのをキャッチするからしんどくなるとか、そういうことがあるんだと思いますね。

茂木　「しんどさ」というのは、じゃあ、やっぱり生きるうえでは必要なことなんですかね。

河合　それはそう思いますよ。だからそれでわれわれも、もっとその人をよく理解できたり、わかったりするわけでしょう、実際に。

相手の苦しみを正面から受け止める

茂木　「しんどさ」というのに僕はものすごく興味ありまして。というのは、われわれでも、たとえば理論を考えているときに、この理論を考えるのはしんどいなぁ、というときがあるんですよね。でもそれがなんか意外と価値のあることだったりして。

そのとき、右の前頭葉のこの部分が、しんどさをモニターしているらしいということような研究もあるんですけども、でもそのしんどさを通り過ぎないと、価値あるものをつかめないというところもあるわけですね。

むずかしい数学の問題を解いているときとかももちろんそうなのですが、生きるうえで、ある種のしんどさというのがあって、そこを通り過ぎないとやっぱりいけないところって、きっとあるんですよね。

河合　ええ、ええ。

茂木 そういうのって、精神分析のなかではどんな扱いになっているんですか、苦しさというのは。べつにその苦しさを取り除くことがいいことではないと思いますが。

河合 違うい方をすると、苦しんでる人がこられたら、苦しみをとるんじゃなくて、苦しみを正面から受け止めるようにしているのが僕らの仕事やと思っています。

茂木 逃げちゃいけないということですか。

河合 逃げない。まっすぐに受ける。だいたい、まっすぐに受けてない人が多いんです。たとえば「私、困ってるんですよ。だいたい、うちの家内が……」とかいって奥さんの悪口ばかりいってくる人を、ふつうの人はまっすぐ受けないんです。「問題はこの人の奥さんか」と思いながら、さっと逃げてるわけですね。

それを僕らのように正面からグーッと聞いていたら、「いや、もしかしたら私も悪かったかな……」とかいうことになってきて（笑）。そこに焦点をあてる。
そのとき、「うちの家内が……」と悪口を始めても、「いや、奥さんのことはほうっておいて、あなたはどうなんですか」とは、絶対にやってはだめです。そういうと、反発されるだけです。

茂木　そのようなときは、どうやってうまく向き合わせるんですか？

河合　向き合わせないんですよ。向き合わせないで、奥さんの悪口を始めたら、それを一生懸命聞いていたらいい。それをふつうの人は、「また、奥さんの悪口いうてはる」と思うでしょう。だから聞くほうも半身で聞いているんです。僕らは、その奥さんの悪口を完璧《かんぺき》にまっすぐ聞くわけです。まっすぐに感心して、「はぁ～」と聞いていると、その人の視線がまっすぐになってくる。

茂木　ああ、そうですか。

河合　はい。だからほとんど僕の場合は、話を聞いているだけのことが多いです。できるかぎり、まっすぐ聞こうと思ってます。でもやっぱりね、できるかぎりといっても、なかなかまっすぐ聞けないですよ。わかるでしょう。くるたびに奥さんの悪口ばっかりいってたら、「お前、ええかげんにせい。お前はどうや」といいたくなる(笑)。それを何回きて何回奥さんの悪口をいわれても、できるかぎりまっすぐ聞く。なかなかできませんけれど、その修練を僕はしてきたんじゃないかなぁと思ってますね。

茂木　そうすると、本当に自分の問題に向き合えるようになっていくわけですか。

河合　なってくるんですね、その人。不思議ですねぇ。

茂木　不思議ですね。

「中心をはずさずに」

河合　だからうまいことといっているときは、僕は聞いているだけで、その人が自分で考えて、自分でよくなっていかれます。

本当にそういった人、いますよ。「もう本当に、きたときに比べたら、ものすごくよくなりまして。先生のおかげといいたいけれど、おかげとは思いませんね」と(笑)。つまり、僕はなにもいうてませんからね。自分でしゃべって、自分で考えて、自分で解決されたからです。

茂木　壁に向かって話しているのとは違うわけですよね。

河合　壁に向かって話すのはだめだし、自分で考えると、絶対、堂々めぐりします。ところが生きている人間が正面から聞くと、堂々めぐりが止まるんです。もうそれだけで僕を頼りにきてるんじゃないかな、と思うくらいです。

茂木　そのとき河合先生の頭のなかでは、何が起こっているんですか。

河合　それはね、いろいろ考えます。でももう慣れてるから、ああ、この人はいま奥さんの悪口を必死になっていっているけれど、あと五〜六回で変わるぞ、ぐらい思ってますよ。

だいたい、うまいことといくときは読みどおりいくんです。でも、読みどおりいかないとき、ありますね。もうそろそろ、というときに、また奥さんの悪口いわれたときに、僕はどこかで読み間違えていると、ものすごく考えます。そのときはすっごく考える。

茂木　それは、そのセッションをやっている最中に考えられるんですか。

河合　終わっても考える。ものすごく考える。

茂木　そのようなときは、どうされるんですか？

河合　前の記録を読みなおします。それで、これで本当に自分は聞いていたのか、そういうことをもっと反省しますね。

茂木　基本的に、まっすぐに受け止めて聞いてさえいれば、相手は変わるはずだということですか。

河合　まあ、間違いないぐらいですね。だけどね、そんなことというけれど、それはほとんど不可能なんですよ、まっすぐに聞くなんていうことは。

ちょっと話変わりますけれど、ふつうよりすごい幻聴や幻覚で、「ＣＩＡにつけ狙《ねら》われている」とか「今夜、敵が攻めてくる」とか、そういう症状でこられる方は、うっかりすると、それは統合失調症になっていきますね。

ところが、そういう人のなかで、「薬物による症状ではない」「急性である」と、このふたつの条件に当てはまる患者を治していく、ジョン・ペリーというアメリカの学者がいたんです。この方ね、黒船で有名なペリーの弟のお孫さんなんです。僕がそこへ訪ねていったら、ペリー提督の絵がありましたけれどね。そのジョン・ペリーさんに、「どうやって治していくんですか」と訊いたら、相手がきたとき、いつもずっと端にいるんですって。ずっと端にいるんだけど、「中心をはずさずに」そこにいる。それができれば、その人は治ると。

茂木　中心をはずさずに？

河合　自分の。中心をはずさずにそこにいること。ただもうそれだけなんです。その部屋は、くるなり、死のうと思って、壁にバーンと頭ぶつけたりするような人がいるから、壁なんか全部柔らかくしているし、それから一人で会って、飛びかかってこられたりすると困るから、必ずもう一人か二人と部屋に入っているんですけれども、ペリーさんは何してるかといったら、そこでただ、「中心をはずさずに」座っているだけですと。

茂木　座っている。聞いているだけ？

河合　ええ。そんなこと、まあ、できないですよ。そうでしょ？　くるなり、「宇宙人がやってくる！　殺される！」とかいってる人相手に、ジーッと座ってるというのはね。

茂木　すごい。

河合　ペリーさん、老子が大好きなんですよ。老荘の考え方（古代中国の道家の思想。「無為自然」を説く）をやっている人なんです。

そのペリーさんに治してもらった人が、数年経《た》って、箱庭をやるんです。ものすごいおもしろい箱庭です。その自分の体験をね。でも、ペリーさんはなにもしていないんです。ただ座っていただけ。なるほどなぁと思って。

そのペリーさんが六十歳ぐらいで、辞めたんです。「ペリーさん、なんで辞めたんですか」といったら、「もうこの年ではできない。もうあれほどエネルギーの要る仕事は、これまでだ」といわれた。

茂木　ほとんど言葉を発するわけではないんですよね。ただ座って聞いている。

それで、ものすごいエネルギーを使うという……。

河合　そりゃ使います。ものすごい使います。みんなうそだと思うなら、やったらわかりますよ(笑)。自分が座っているあいだ、ワーワー叫んだり、急に壁にブワーンと頭打ちつけたりするわけでしょう。そのときに「やめてください」とか「静かにしろ」とはいわないで、ただジーッと座っている。しかも、「中心をはずさずに」というんでしょう。そりゃもう、よっぽどの達人になっていかないとできないと思います。

茂木　その「中心をはずさずに」というのは、ふつうの意味で動揺しないとか、自我が確固としたものとしてあるというのとは違うんですよね。

河合　そういうことでなくて、彼は老荘的に生きている人だけれど、僕も自分の心のなかではそれがありますね。話を聞いてるときに「中心をはずさんように聞いているか」って思います。でもなかなか、むずかしいでしょう。どうしてもはずれる。

さっきの話のように、くるたびに奥さんの悪口いう人に、「そう奥さんの悪口ばっかりいうなよ」っていうのは、もうはずれているでしょう。悪口いいたがっているんだから、僕はその悪口をバチッと正面から受ける。それはなかなか簡単にはできません、それは。

相づちの達人

茂木　この前、河合先生の京都のクリニックにうかがったときに、すごい話をうかがって、もうこれはいままで聞いたなかでも、いちばんすごい話のひとつだと思っているんですけれど。

河合さんがタクシーに乗られて、後部座席に座っているだけで、タクシーの運転手さんが身の上話を始めてしまうというんですよ。べつに河合隼雄だとばれているわけじゃなくて、なんとなく始まっちゃうんだと。

河合　そういうときね、道を間違うんですよ、運転手さんが（笑）。それで全然違うところに行ったりしたんですよ。「曲がりそこないました」とかね。そういうことが何回かあったんで、このごろはもうできるかぎり、意識してふつうの顔してタクシーに乗るようにしてるんですけれど。（笑）

茂木　それはすごいことですよね。たとえば、相づちの打ち方ひとつでそんなふうに。

河合　おもしろいですよ。それがやっぱりくせになってるんですね。運転手さんが、「私は本当は別の仕事をしていたんです」といったときに、「はぁ？」というと、その「はぁ？」で次が続くんです。（笑）

茂木　刺激としては、そのレスポンス（応答）としての「はぁ？」、それだけですね。

河合　だけです。僕はただ「はぁ」とか「ふうん」とかいうだけです（笑）。ところが運転手さんは必死になって話しだして、全然違うところに行ったりするんですよ。

茂木　そういう、河合先生の相づちを発生する装置かなんかつくっておいて

(笑)、自分でしゃべりながら、ときどき装置に「はぁ」とかいわれると、しゃべるようになりますかね。

河合　おそらく、そこが人間が生きているということやと思いますね。それは機械ではできないんじゃないでしょうか。もし、そういうことが機械でできるようになったら、僕はなにもやる必要はないんで、私の代わりに「はぁ」とかいわせてね(笑)、やればいいんだけど、僕のその「はぁ」のトーンの音階がどうやとか、そんなことというたってしょうがないわけでしょう。

だから「中心をはずさずに」というのは、非常に変な表現なんやけれど、僕らはある意味で、ものすごくピッタリきますね。僕が思うのは、バッターボックスに立っている野球の選手なんかと、すごく似てると思います。

茂木　じつはね、いま河合先生がそれをおっしゃる直前に、『五輪書』を思い出したんですよ。宮本武蔵《むさし》が『五輪書』で書いていることに非常に近いような。

河合　あっ、ものすごい近いと思う。すごい、似てるんじゃないかと思いますね。ただ、だからというて僕が剣道したらうまくいくかというと、そういうわけじゃないですね。それから、バッターボックスにスーッと立って、バットを持って集中している人に、「はい、その姿勢でお話を聞いてください」って、絶対できないですね。（笑）

相手の「魂」だけを見つめる

茂木　「中心をはずさない」って、僕、すごく大事なことのような気がしてきたんです。というのは、『五輪書』には、たしか、相手のどこかに注意を置いてはいけない、というようなことが書いてあるんですね。やっぱり同じ感じですか。

河合　同じです。それからね、これは僕が人にほめられた最高の賛辞というか、うれしくてしょうがないからあちこちでしゃべっているんですけれどね、どないしてほめてくれたかというとね……。

その人は、「離人症性障害」っていう、大変なノイローゼなんです。現実感覚がなくなるんですね。こういう場所にいても、みなさんが生きている人間に見えなかったり、それからこういうふうに手を振っても、本当に自分が手を動かしているのかわからない。すっごい苦しいけど、誰もわかってくれない。自殺する人も多いんですけれど。でも外見はふつうで、ちょっと見てもわからない。

そういう離人症になられた人が、自分が現実感覚がないのをなんとかしたいと思うから、人と接近するわけね。その人、きれいな女の人やったから、恋人がいっぱいできて、また、いっぺんに二人も三人もつくったらしいから、恋人同士が殴り合いしたり、劇的なことが周りでいっぱい起こっているんだけれど、その人は全然、劇の外にいるわけです。そうでしょう、現実を生きてないわけだから。

その人が、あちこちのセラピストのところに行ってみても、どうしてもうまくいかない。何人かのあとで、私のところにこられた。

私のところにこられて、治るまで五年ぐらいかかったんですよね。「本当にありがとうございます」とお礼をいわれたときの言葉がおもしろいんですよ。

「いちばん初め、先生に会ったときに、この先生で自分は治ると思った」

「どうしてですか」

「いままでの先生と全然違った」

「どう違った?」

「私が部屋に入ってきたとき、先生は、私の顔にも服装にも、全然関心を示されなかった」

というのは、ものすごく美人ですから。服もきれいなのを着ておられるんだけれど、その服も見てないし、顔も見てない。おそらく、二日後に道で会っても絶対わからないだろうと思うぐらい、なにも見ておられなかった、と。

「ああ、そうですか」

「それだけじゃありません。先生は私の話の内容に、全然、注意しておられませんでした」(笑)

「僕、何をしてましたか」

「何をしておられたかというのは、すごくむずかしいんだけれども、あえていうなら、もし人間に『魂』というものがあるとしたら、そこだけ見ておられました……」

茂木 うーん、すばらしい。すごいですね。

河合 そうでしょう。それも、ほんま、ほめ方としては最高ですね。それが、僕がいまいっている、僕がやりたがってることなんですよ。その人を本当に動かしている根本の「魂」――これと僕は勝負している。こういう気持ちです。

茂木 いやあ、いい話ですね。

河合 だから、そおっと聞いてないとだめなんですよ。言葉で、ワーッと動いていったりしないで。また、相手の言葉に動かされてもいけない。

だからなかにはね、私のことを「ものすごい冷たい人だ」という人もいます。たとえば誰かが、「私はこういう悲しい運命にあいました」といったら、ふつうやったら、「へぇー！」とかいうでしょう。それをほとんどいいませんからね。だから「なんや、冷たい人やな」と思う人もいますけれど、いや、冷たいのとは違う、というのがだんだんわかってくるんですね。だからふつうにいう、冷たいとか、あったかいとか、親切とか、一生懸命とかいうのと、まったく違う次元で座ってるんですよね。そういうふうに自分を鍛えてきたというか。はじめからできていたわけじゃないですけれど。

治療が必要かどうかの見きわめ

茂木　現代って、意外と、いま河合先生がいわれた「魂」を見るより、ディテール（細部）にひきずられちゃう時代ですよね。

河合　そっちが多いんです。しかし、それは無理ないことです。また、いまの時代はそんな魂なんてやかましいことといわんでも、脳に電気をあてたらパッと治るんですからね。

パーキンソン病の人がこられても、「中心はずさずに」ただおったら、震えが大きくなるだけじゃないですか（笑）。そういうこともある。

みんなそうなのかといったら、そうではない――ここが大事なんじゃないんですかね。そのとき、さっきいったみたいに、私がしているようなことが、役に立つ人か立たない人かという認識は、絶対大事です。

茂木　そういうものを、必要としていない人もいるということですか。

河合　そういう人には、「よそへ行ってくれ」というんです。「僕ではだめです」とはっきりいいます。ほかにこういうことをするところがありますから、と。

たとえばね、てんかんの人がこられますよね。大学生で、急にけんかしたりなにかに祈ったりする子がいて、先生に連れられてくるんですよ。その先生が、「われわれもいろいろやっているんですが、だめです」といって。

僕はもう、てんかんじゃないかってわかる。そうすると、「これは精神科のお医者さんのところへ行ってください。精神科って、怖がる必要ありません。ちゃんとよく診てもらって、おクスリだけもらったら治るんです」。てんかんは、クスリ飲んで発作が起こらず生きていたら、目の悪い人が眼鏡かけているのと一緒です。それと同じことやという話をするんですよ。すると怖がらずに行けるんですね。そういう方は、実際、脳波を見るといっぺんでわかりますから、そうしたらもう私のところにくる必要は全然ないんです。まず、そういうのを見分ける力がないとだめなんです。

茂木 ということは、河合先生が扱われるのは、要するに、単純な、パラメータを変えれば治るようなものじゃなくて、複雑系のほうの患者を扱うと。

河合 そうですね。そういえばいいと思うんですね。クスリで治る人は、早くお医者さんに行ってもらわないといけない。ほかで治せることはどんどんやってもらって、残る人がおられるわけですね。そういう人にきていただくといったらいいんじゃないかな。

茂木 わかりましたね、すごく。

というのは、現代人のすべてが、ややこしい問題を必要としているのではないような気がするんですよ。僕も「クオリア」なんてことを十年ぐらいやってきましたけれど、そういうことがすごく胸に響く人もいるんだけど、全然そんなこと関係ないという人もいるんですよ。もう単純に、お金もうけて、いいクルマに乗って、楽しい生活をしていればいい、という人がいるわけですよね。

河合　それはそういう人で結構なんです。どうぞおやりください、と。そんな人のところにわざわざ行って、「あんた、魂のことをお考えください」って（笑）、そんなこといいに行くだけあほや、と僕は思ってますけれど。

それを課題として引き受けた方に、私はお会いする。そうでない人はべつに、どうぞ、と思うんですね。

「偶然」というものを大事にする

茂木　僕はこの前、箱庭を実際につくらせていただいて、あのときの体験が忘れられなくて。河合先生のクリニックには、箱庭の部屋の棚に、三千個、もっとですかね、アイテムがあって。なぜか、そのとき目に付いたものがあったんですね。ニワトリだとかゴリラだとか、守り神でしたか、韓国の済州島の。

僕は、二十歳過ぎのときに箱庭を半年ぐらいやったことがあるんです。それはべつに心を病んでいたわけではなくて、学生相談所の先生が目をつけて、「きみ、やってみないかね」といわれて。

それで、河合先生のクリニックで二十何年ぶりにやったとき、全然、ふつうの日常生活とは違う頭の使い方をしているな、と気づいたんですね。

つまり、日常生活のなかで、なぜか理由はわからないけれど、気になるものってあるじゃないですか。でも、普段はそういうものに付き合って生活してないんですね。

普段は、たとえば単純に「今度旅行に行くから、そこのガイドブックを買おう」とか、そういう機能的な結びつきでしか行動していなくて、「なぜか知らないけど、これが気になる」というものとは、われわれはあんまり付き合わないで生きていますよね。

ところが箱庭のときは、なんだか理由がわからなかったとしても、「これ、気になる」となったら、それを置くんですよね。

あれって、本当に現代の機能的な生活のなかではないものですね。

河合　そう、日常とはまったく違う世界なんですね。ふつうは「なぜその本を買いましたか」と訊《き》けば、「パリに行くからパリの案内書を買った」とか、みんな、パッパッとそういうふうに説明可能で、ずっとつながっているでしょう。ところが、なんでかわけわからんけれど、気になるからという、それができるから箱庭はおもしろいんですね。

茂木　何なんですかね。いまだにわからない。でも、あの感じがすごく好きで。

河合　その体験をしてもらって、よかったと思います、本当に。

僕は実際、そっちのほうでほとんど生きてるんですけどね。でもいちおう、文化庁長官もやってますから、これはきわめて常識的にやってますね。(笑)

茂木　そっちのほうで生きているというのは、実際の生活でもそうなんですか。

河合　そうでしょうね。そういうところあります。だからふつうの人よりも、ふつうの人がいう「偶然」というものを、ものすごく大事にしています。

茂木　そういうふうに生きていると、どこかが破綻《はたん》したりはしないですか。

河合　それを破綻しないようにもっていくことが大事なんですね。それを、下手にそっちへ傾くと破綻しますよ、もちろん。

そうでしょう。たとえば、今日ここにくる途中にちょっと気になる店があって、入ったと。そこで今日の対談を忘れてしまって、その店でワーッとおもしろくやってたら、これは朝日カルチャーセンターからも怒られるし、茂木さんも恨むでしょうし、みなさんも恨むでしょう。だからやっぱり、常識の範囲内で、破っても大丈夫な程度に破ってるんです（笑）。このバランスがむずかしいんですよ。

そのとき、ふつうの人は、ちょっと常識の区画のほうに入り込みすぎてるんです。約束があるから行かないかんとか、これ買っとかんとだめになるとか、そういうふうに、みんなやってるでしょう。僕は逆で、できるだけはずしたろうと思って生きとるわけですね（笑）。できるだけはずして生きようとしてるけれど、ま、表面的にはふつうに生きている。

けど、芸術家の人はそうですね。芸術家はもっとその区画からはずれて生きないと、先に行けないですね。だから僕は芸術家の人に比べるとはるかに常識豊かである、といつもいっているんですけれども。（笑）

何年も経《た》って意味がわかる夢

茂木　そのとき僕が思ったのは、夢のなかでは、まさにそれが起こっているんだなぁということなんですよね。

河合　だから夢というのは大事なんです。夢のなかではできるわけでしょう。夢だったら、極端な場合、自分は男だけども女になれるし、犬になったり豚になったり。それから、だいたい夢のなかでは、死ぬこともできるし、放火もできる、殺人ができる、いろんなことできますね。

ただ、できるからといって、今晩やろうと思ったって、だめなんですよ（笑）。そうでしょう。みなさん、話聞いて、「いいこと聞いた。今晩、恋人に会おう」なんていったって、ライオンが出るかもわからんしね。けれども、できるときはできる。しかも、ある種の体験をするわけでしょう。これはものすごいことですね。

茂木　いまお話をうかがっていて、気になった問題が、夢を見ているときの自分というのが、どんな夢の内容であるにもかかわらず、なんかこうやって起きているときの自分とは違う自分のような気がするんです。なんか一貫してない。あの感じは何なのですかね、あの感じ。

河合　ちょっとだけ違うのね。まったく違うわけじゃない。

茂木　違う存在として向き合っているというか、体験に対して。

河合　それと、夢のなかに自分が全然出てこないのがあるでしょう。まったく自分が出てこなくて、誰それさんがどこどこに行きましたとか、夢の話をしていて、自分がひとつも出てこないのがあるんですね。その人に、「あなた、どうしてたんですか」といったら、「私は夢を見てたんですよ」といわれて（笑）、ああ、なるほどと思ったんだけどね。

夢は、自分が出てくるのがふつうなんです。出てこない夢は、それは自分のふつうの意識よりも非常に遠い夢ですね。

だからさっき何度もいったように、僕らが生きているということは大変しんどいことで、ものすごい、いろんなことをやっているんですよ。いろんなことのなかで、都合のいいあたりで自分というものをつくって生きているわけですね。夢では、それがはずれますから、違うのが出てくるわけです。

茂木　うまくいえないんですけれど、夢に出てくるものというのは、意味がわからないんだけれど、すごく気になるものですよね。起きたあとも、ものすごく気になるんだけど、意味はすぐにはわからないというか、機能的な結びつけはできない。

夢のなかって、箱庭をしているときのような、ニワトリとかああいうアイテムに相当するものに囲まれた体験があるような気がしますね。

河合 たとえば夢のなかで、自分がある銀行の支店長になっていたとしますね。それで、実際にその銀行の支店に行ってみて、心のなかで「俺はここの支店長かもわからん」と思ってね、そうやって見てみるのは、ものすごいおもしろいですよ。そうすると、全然見方が変わってきますね。だからそういうふうに、ちょっとずつやってみるというか。

茂木 河合先生は、実際、そういうことやられるんですか。

河合 そりゃやります。おもしろいもの。

茂木 やります？ 夢を見たら、実際そこへ行ってみられる？

河合 それはね、夢の重みです。それがすごい重い夢というか、大事な夢と思ったときはやりますね。それから、大事だと思う夢は、それをずっと考えてますよ。一年ぐらい経ってわかるやつがあるからね。

茂木 え？ 夢の内容をずっと考えている？

河合　ええ。もう極端な場合は、二〜三年経ってから、なるほどという夢もあります。だから僕は、人生を二倍楽しんでるというんだけれど。

茂木　夢は記録されるんですか。

河合　いまはあまりやりませんけど、やっぱり大事なのはします。大事なのはして、それで自分の思ったことを書きますね。本を書くときはもう、どんな夢でも書くぐらいのつもりでやってましたけど、もういまはそこまで元気ないから、これだと思うのだけ書く。

茂木　僕は学生時代に、夢で、ある人に対する態度が変わったことがあるんです。むかしから知っている人だったんだけど、夢のなかで、ハッとその人に対する自分の感情に気づいて、会いにいったんですよ。

河合　だから、そういうようなことをするとおもしろいんです。でもそのとき、「夢＝現実」だと思うのはだめですね。そんなことは絶対にない。外的現実にイコールだと思いだすと、もう「夢信者」になってだめになるんですけど、いま茂木さんがおっしゃったように、どういう意味なのか考えるのは、すごいおもしろいですね。

全体に、平等に注意力を向ける

茂木　どうも「気に懸かる」、というものについて、われわれの脳科学だと、アテンション（注意）という言葉はよくいうんですね。でも、そのアテンションという意味と、どうも気に懸かるというニュアンス、なんかちょっと違いますね。

河合　違うんです。アテンションというのは、まさに方向をもっている。意識としてパッと方向をもつわけでしょう。しかし気に懸かるというのは、ふっとこう出てきますね。自分のいまの意識とは関係ない、違うほうから出てくる。ですから、気に懸かるものというのは大事にしたほうがいいんですね。

フロイトの有名な言葉で、クライアントの人がこられて、お話を聞いているときは、「平等に漂える注意力をもって」といいます。英語でいうと、「フリー・フローティング・アテンション」。これはパラドックス（逆説）なんです。なぜかといえば、アテンションというのは方向をもっているわけです。でも、それをもたない、アテンション。だから、やっぱりさっきいわれた『五輪書』なんかと一緒ですよ。相手のどこかに注意したらあかんというのと一緒で、全体に、平等に注意を向けている。そうしていてふっと気になるもの、それがやっぱり大事なんですね。そういうふうに考えたらいいと思う。

茂木　そうか。やっぱりフロイトって、誰がなんだかんだいっても、僕はやっぱり天才だと思うんですよ。そういうことに気づくということがすごい。

河合　ええ、すごいです。しかも西洋でね、あんな時代にそういうことをいったというのはすごいと思いますね。

茂木　ところが、近代のアメリカを中心とするような科学の文脈だと、フロイトは厳しく批判されるんですけれど。

河合　そうそう。

茂木　河合先生がそういうことをおっしゃるとき、バーッと広がる感じというのが、ちょっとこれまた不用意にいうと誤解する人は誤解するんだけれど、ちょうどニュートンの古典力学に対して量子力学が出てきたときに、ものすごくバーッと広がった感じと似てると思って。

河合　似てるかもしれませんね。

数学から心理学の世界へ

茂木　いまはコンピュータ全盛で、コンピュータ上で高度で複雑な計算をするわけですけれど、あれではとらえきれていない世界があるわけですね。アメリカはどっちかというと単純なので、コンピュータが使えるとなればバーッと突っ走っちゃっているようなところもあるわけですけども、かなり大きな領域がまだ残ってますね、手つかずなまま。

河合 そう思います。ますます、みんなが「割り切れる」ほうに一生懸命になりすぎるから、そうでないほうが残っているというか。

茂木 河合先生も、若いとき、割り切れないものを必要とする自分が出てきたわけですよね。

河合 まあ、そうでしょうね。

僕の年代というのは、若いとき戦争を体験しています。僕は兵隊には行ってませんけれど、中学校を卒業したころに終戦になるんです。そのころ、僕はどういうわけか知らんけれど、当時の日本人にしてはすごく合理精神があったほうなんです。だから「竹槍《やり》で敵をやっつけろ」とかいうことをいっていたころに、「そんなばかなことできるか」って怒ったんです。実際にいったら、絶対に殺されるからいわなかったですけどね。

そういうふうに思ってて、戦争に負けたでしょう。だからやっぱり合理的に、科学的に、論理的にやらないから日本は負けた、これからは絶対にそうやるべきだというんで、僕は理科系のほうに進んだんです。

その延長上でやっているうちに、だんだん、そうでない世界のほうに入っていったというのは、やっぱり生きている人間が好きだからかなぁ。
高校の教師をしてましたとき、生徒がみんな相談にくるでしょう。そしたら、本当に生徒たちに応《こた》えてやろう思うと絶対に勉強しないといけませんからね。それで臨床心理学の勉強をして、だんだんそれだけではないということがわかってきて。僕の場合は、自分のやりたいことをやっているうちに、どんどん、どんどん、変わっていったという感じですね。

茂木 ユング研究所に初めて行かれたときというのはどうだったんですか。

河合 それはね、初めてユング研究所に行ったときには、もう講義も、すべてに感激しました。
つまり、いわゆる学問というのは、ちゃんと割り切って、論理的に構築してしっかりやるほうでしょう。その裏側のことばっかりやっていた研究所ですから(笑)。行ったら、「昔話の心理学」とかそんなのがあって。もともと、僕もそういうのが好きだったところあるしね。

それからちょっとしたら、レヴィ＝ストロース（フランスの社会人類学者。民族学、神話学を研究、「構造主義」の祖とされる）がきて文化人類学の話とか。もう、いままで聞いてない話ばっかり。それからまた、夢の話でしょう。もう、おもしろくておもしろくて、本当に感激して聞いて、ああ、こういうことをやっているところがあるんだと。

しかし、ユング研究所というのは大学からも捨てられていたわけですね。アカデミックにちゃんと構築するとかしていないのでね。ユング研究所は私立の研究所なんです。ま、いうたら、変なやつの集まりみたいなもんで（笑）。だからそういう意味で、僕は感激しましたけれどね。

脳科学の「科学的真実」への疑問

茂木　われわれがいま、この現代というものを見たときに、一時期、フロイトやユング的なものがワーッと広がる気配があったんだけど、いまはなんか、意外と広がっていませんね。

河合　それはひとつは、みんなごっちゃにする人が多いんですよ。たとえば精神分析の場合でも、精神分析で出てきたことを、自然科学の知識のようにいうでしょう。それで攻撃されてつぶされる。そういう失敗は多いと思いますよ。

物理学の法則はどこでも適用できるわけですね。ところが、フロイトのいっていることは、フロイトとその相手の人とが「自分たちをどうしようか」というなかで考えたことであって、それは誰にでも適用できるものではないと、僕は思っているわけですね。

しかし、主観的体験として誰かがものすごく大事にしていたことは、それなりの普遍性がある。「それなりの」いうことが大事なんですね。それなりの普遍性があるんだけれど、それを自然科学の法則と同じようにいいだした瞬間、「そんなばかなことあるか」というんでつぶされてしまう。

僕がいうのは、「私のやっていることは近代科学とは違います」と。「違うことをやってるんだけれど、意味があるんです」というい方をしている。いちいち誰かに承認してもらおうと思ったら、「これは科学的です」といわないとよくわからなかったんです。「科学的」だといったら、みんな信用したわけですね。

下手をすると、宗教なんかでも、「この宗教の正しさが科学的に証明された」というのね。そしたら、科学にしたらええのにね。そういうくらい、みんな主観の世界と科学がごっちゃになっている。

茂木　まさに似たようなことが、脳科学の世界でも起こっているような気がしますね。

脳科学っていま非常に関心が高くて、おそらく現代人が脳に不安を抱えているからそうなっているんだと思うんですけど、ただ、テレビとかでやっているようなセンセーショナルな脳科学は論外としても、専門誌に載るような脳科学でも、「割り切り」なんですね。

たとえば最近の研究ですと、『こいつは悪いやつだ』と思ったときに、男性は共感回路をシャットオフ（遮断）できるけれども、女性は共感回路がずっと働いている」という論文があるんですね。いわく、これは男女の脳差で、男は太古の昔から戦争で殺し合いをしてきたから、敵だと思えば共感回路をすぐにシャットオフできるのだ、と。そんなかたちで脳科学の「事実」というか「科学的真実」というものが語られるのですけれど、でも「それが男女の脳差だ」といわれても、いろいろ例外がありますね。

河合　そうそう。

茂木　そんなことをいわれても、たとえば『平家物語』にあるような、戦死していく武士たちに対してある種の「もののあわれ」の心を起こすなんていうことは、そこには盛り込めないわけですね。

だから非常に「割り切る」科学主義というのが行きすぎちゃうと、「それが人間だ」といわれた瞬間に、冗談じゃないよっていいたくなりますね。

河合　だから本当に脳外科の先生がいわれたとおりで、脳科学がこれだけ進んで、使えるけれど、それで心がわかるというのは間違いだというのは、すごくはっきりしてますね。

それから、とくに心の場合、その人の主観が大事なわけでしょう。みんな一人ひとり違うわけですよ。そこのところを大事にしていかないかん。

現代人の不安の根本原因

河合　それからもうひとつ、いまの時代が大変な時代やと僕が思うのは、個人の責任というのがものすごく重くなったんです。ひとむかし前なら、そんなこと個人で考えないでも、坊さんが考えてくれたり、仏さんが考えてくれたりして、お任せしといたら極楽に行くはずやったんですね。ほんとに行ったかどうかは知りませんけれど、ともかく、そうでしょう。

ところが、いまは誰もそう簡単にいかない。そういうふうに信じられないじゃないですか。信じられなければ、自分で考えたり探すしかない。だから、いまの時代は本当に大変だと僕は思うんです。

それをユングは、おもしろいことをいってるんですよ。「現代人はイライラするのが当たり前だ。自分の向かう目的地のことをなにも知らないのだから」と。目的地というのは死ですね。

みんなびっくりりせんでも、ここにおられる人たちの未来の死亡率は百パーセントなんですよ(笑)。そうでしょう。ところがむかしの人はみんな、逝《い》ってからのことは全部知っていたわけですね。極楽行きやとか、なんとか。いまの人はそれがわからないで逝ってるから、それはイラつくのは当たり前。明日パリに行くのに、パリのことを全然知らないとイライラするでしょう。それと同じ現象がいま起こっている、というんです。

茂木　逆にいうと、現代には「わかりたい病」というのがありますね。そういう意味では、本当はみんなわかりやすい世界に生きているわけではなくて、メディアがつくるわかりやすいストーリーを一見信じているような人の心の奥底に、じつは「板子《いたご》一枚下は地獄」じゃないですけれど、いま河合先生がいわれたような、「どうなのかわからない」という不安があるのかもしれないですね。根底としてはもう、「全然わからない」という認識があるのかもしれませんね。

河合　むかしの人は、生きるためにものすごく苦労してたんですね。飢えや病気もあるし、動物がいつ襲ってくるかわからんし。けれども、死んでからのことはみんな知っていた。だからみんな安心しておられた。

いまは、逆になっているんですね。生きるために苦労はしないし、行きたいところにもお金さえあれば行けるけれど、しかし極楽に行く切符というのは、これは買えない。戒名は買えますけれどね。でも、上等な戒名をもったから極楽に行くとはかぎらんような気がします。わかりませんが。

「関係性」を扱う科学は生まれるか

茂木　河合先生は、科学と、科学で扱えないものとは、永遠に平行線だと思われていますか。それとも、どこかで、遠い将来にはなにか流れが一緒になるんじゃないかというように考えておられますか。

河合　なるかもしれないと思ってますね。そのへんがいちばんおもしろいとこじゃないかと思うんですね。

近代科学は、さっきいったように「分ける」ことから始まっていますね。僕の考えは、「関係性」ばっかり大事にしていっている。その「関係性があるものを科学する」というやつが、だんだんできてくるんじゃないか。そうすると、それは相当どこかで一致してくるんじゃないかなぁという感じがしますね。宗教的なもの、科学的なものと分かれているのが、相当な接点をもってくるんじゃないか。いちばん僕の関心のあるところがそこなんですよね。これはよほどみんな、共同研究をするか……共同研究ではだめでしょうね。すっごい天才が出てこないとだめかな。

茂木　ちょうど今日、昼間にシンポジウムをやっていて、まさにその話をしてました。あと百年はかかるんじゃないか、と話してたんですけれど。

私がいま、いちばん関心をもっているのは、「確率」という問題なんですね。これはおそらくユングも考えたことだと思うんです。つまり、現代の科学では、不確実なものは確率としてしか記述できない。たとえば「あなたがあと五年以内に死ぬ確率は何十パーセントだ」といういい方をする。だけど、本人にとってはゼロか百しかないわけ。

河合 そうなんですよ。

茂木 主観的な体験と、確率とがものすごく分離しちゃっていて、確率のほうで扱うこと――数理経済学とか――はすごく発達しているんですけれど、個別性とか、一人ひとりの人生に寄り添って考えるという知は、ほとんどいま壊滅状態というか、科学の対象にすらなってないわけですね、「いかに生きるか」という知が。

ですからどうもそこらへんが、じつは私が研究している脳と個の関係を考えるうえでのカギなんです。いまの脳科学は、統計的真理しか扱えない。何人の被験者のうち、何割がこうだ、という。でも本当に問題なのは、一人ひとりの脳なんですよね。どうもそこらへんに、河合先生がいまいわれた、融合の可能性があると思うんですよ。

答えを与えるより、悩みを共有する

河合　可能性はあると思うんですけれど、本当にわからないですね。しかしやっぱり、だんだんこう、接点をもってくるんじゃないかという感じがあって。そのとき、宗教と科学が接点をもつときに、僕はいちばん強力なのは仏教やないかと思うんです。

茂木　そうですか。それはどういうことですか。

河合　仏教は絶対者というのを立てないんです。ところが一神教は、絶対神というのがありますね。キリスト教やイスラムがそうです。仏教はそんな神というのがないわけですよ。自他の認識から話が始まる。だから、仏教がいちばん可能性があるんじゃないかなと思って。

茂木　僕が仏教で好きな哲学というのは、問題について、答えを与えようとするのではなく、問題を共有しようとするところですね。

つまり、死んだらどうなるとか、生きている苦しみをどうするとかについて、ふつうの宗教はすぐ答えを与えてしまう。けれど、仏教はある意味で、「生きてるってしんどいね」という問題からスタートするというようなところがありますね。

それとちょっと関連するんですけれど、釈迦《しゃか》が、死んだ後はどうなるのかと問われたとき、釈迦の答えは「そういうことには答えないのだ」と。毒矢が刺さって苦しんでいる人に対して、その矢がどこから飛んできたのかとか質問するのではなく、毒矢の苦しみを取り除くのがいちばん大切なことだろう、という。

答えをすぐ求めすぎる傾向って、現代の深刻な病のような気がしますね。言葉とか細部に引きずられる傾向というか。

そういう意味では、先ほどの話に戻ると、われわれは「中心をはずさず」に人に接するということを忘れてしまっているともいえますね。ある人のことを判断するのでも、その人の言葉や振る舞いに引きずられて判断しちゃったりしますよね。

河合　ちょっとね、その判断がみんな早すぎるんですね。もっと悪いのは、僕はよくいうんだけれども、みんな一人ひとり違うのに、数字で順番をつけたがるんですよ。

「年収いくらですか」といったら、年収の高い人から低い人まで全部順番がつくでしょう。それは、一人ひとり分けているようで、なにも分けてないですね。お金で分けているだけなんだけれど、それでみんな錯覚を起こしている。

そして、ちょっとでもみんなよりお金の多いほうに行こうとしたりする。そうして頑張っているようだけど、じつは個性を摩滅させるほうに頑張っているわけですよ。

だから、そういう細部に飛びつかない、という姿勢がものすごく大事ですね。そうじゃなくて、その人を全体として見る。全体として見ていると、本当に人間というのはおもしろい。人間は誰でも、何をやらかすかわからん可能性をもっている。こう思いますね、本当に。

茂木　河合先生の話をうかがっていて、ちょっと自分、奇妙な気分になってきて。つまり近代科学が前提としてきたのは、普遍性、あるいは世界中どこでも流通可能なものという価値観ですよね。でも、世界はもうある意味では絶望的なぐらい分裂しちゃって、お互いに行き交えないほど分かれている。しかし、だからこそ希望があるというか、だからおもしろいじゃないかという奇妙な気分になってきているんですよ。

河合　それは、いまいくらグローバリゼーションといっても、文化まで普遍的に一元化するわけじゃないでしょう。ほかが普遍化するだけ、文化はむしろ多様化するというのと、僕は似ているように思っているんですけれどね。だから文化でも、東京一極集中でなくて、各地域がそれぞれのおもしろさをもってやればよろしいというのと同じことなんじゃないかと思ってね。

茂木　いまのは文化庁長官としての発言でしょうか。（笑）

河合　はい。ちょっと商売根性が出てました。（笑）

茂木　たとえばこの会場のなかにも、本当にこの会場にいる人の数だけ、違った世界があるわけですからね。

河合　そうそう、本当にそうなのね。

茂木　それはわからなくてもいいというか、わからなくてしかたないんですね。

河合　ええ。

「わかった気になる」落とし穴

茂木　僕が今日、なるほどと思ったのは、ふつう精神分析というのは、クライアントのことをカウンセラーが理解するとか、わかる過程だと思っている人が多いけれど、じつはそうじゃない、ということですね。だからいわゆるふつうの分析をしている人から見ると、珍しいんじゃないかなと思いますね。

河合 僕はそうじゃないほうをやってるんです。

たとえば同じユング派といったって、アメリカに行ったら、みんなもっと分析してますよ。もっと理屈っぽいことをやってますけれど、僕は違うことをやっているんですね。

「僕のこのやり方のほうがおもろいで」というのを、ヨーロッパとかアメリカへ行ってしゃべってこようと思うけれど、このごろ英語でしゃべるのが億劫《おっくう》になってきてね。一時は「やったるか」思って、だいぶ頑張っていたんですけれど。それでも、しゃべると、結構みんなおもしろがります。わからないわけじゃない。わかる人はすごくわかります。

茂木 テレビなんかによく出ている精神科医の人というのは、分析しますよね。この事件はこうだ、犯人像はこうだと。でも河合先生の場合、おそらく、「他者というのはわからないものだ」という前提でやられているわけですよね。

河合　だから、事件があって、新聞記者の人にコメントを求められても、全部断りますね。「わかりませんので」といって断ります。わからないものね、本当に。

茂木　だから僕、今日はそのことをうかがってよかったですよ。それがわかったというのは。要するに、向き合って話を聞いているからといって、相手がわかってくるとか、相手を分析できるということではない、ということですよね。

河合　「なにもわからない」。しかし、こうもいうんですよ。「なにもわからないけども、分析的に話を聞きたい方がおいでになったら、まあ、人をびっくりさせるぐらいの分析的な話はできる」と。やってないだけでね。

ときどき、そういうのが必要なときがあるんですよ。「わからない」では納得しない人なんかに会ったときは、やっぱり、「わかりません」ではあかんから、びっくりさそうと思ったら、ちゃんと理路整然とパーッといわなあかんでしょう。そういうときはパーッといいますよ。ほな、「はぁ～」とかいわれて（笑）。

それは、まぁおもろいからやってるだけで（笑）、本当はわからないです。けども、それだけではこの世で生きていけないから。いまの世の中というのは、おっしゃっているように、理屈をいって、原因結果で考えるのが好きな人、多いでしょう。だからそういう人をびっくりさすぐらいのことはいえるんですよ、必要なときは。

そこをわきまえてないと、そういう分析の話をしてみんなを喜ばせているうちに、そういう気になってくるんです。だから怖いのは、カウンセラーで、講演が上手になる人はみんなだめになります。

茂木　そうなんですか。怖いですねえ。（笑）

河合　講演というのはやっぱりある程度、話術というか型がないとだめでしょう。こういう話でみんなを引っ張っていって、この一言でみんなを笑かそうとか、こういうたら感心するとか泣くとか、だいたいわかってくるじゃないですか。で、それをやりだすと、千人の人でもワーッと笑わせたり喜ばせたりできるようになって、だんだん自分が「わかってきた」ように思うんですよ。千人の心も動かせているんやから、一人の人間でもやれると思ったら、それでもう失敗なんです。

僕が見てて、カウンセラーやっている人で、講演が上手になる人は、みんなカウンセラーとしてはだめ。それで僕は、どんな講演依頼がきても全部拒否していたことがあるんです。本職がだめになるから。

ところが日本人はノーとはいえないでしょう、やっぱりね。「絶対にしません。しかし……」とかなんとかいって結局行くじゃないですか（笑）。そやから僕はどういうことをやりだしたかというと、講演のときは何も考えずに行きます。そこへ行ってみんなの顔を見て、なんか思いついたことをしゃべる。で、時間がきたらやめる。僕はいつもほめられるんですけれどね。「河合先生は、時間をピッタリ守られます」といって（笑）。当たり前ですよ。時間きたらやめてるだけやのに（笑）。

やっぱり、出たとこ勝負の強さをもたないと。だからきちんと型にはまって、きれいにやるというのが上手になったら、もうカウンセラーとしてはだめになります。おもしろいもんです、本当に。

茂木　プロファイリングというのがありますね。たとえば職業や年齢、性格、学歴がどうとか。それって本当に魂というものと関係ないというか、それに引きずられたらいけないということですね。

河合　それでも世の中は、いちおうそういうもので通っているんですから、それにも合わせているわけだけど、それに引きずられたら損しますね、本当に。

茂木　ちょっと話を広げると、たとえば日本っていま、近隣諸国のことについても、やたら属性ばかりにアテンションがいって、それに流されているような気がして、それはまずいなあと思っています。中国でも韓国でも、ちょっとなにか事件があると、それに引きずられて、動揺するでしょう、対中国観とか対韓国観が。あれはよくないですね。だって絶対、それだけで尽きるはずないですもの。

河合　そうです。だからまた文化庁長官としてお話ししますが（笑）、中国とも韓国とも、文化交流はずっとまったく同じです。なにも変わっていません。

だからみなさんご存じのように、新聞とかテレビにいろいろ政治的問題などが出るでしょう。そういうとき、向こうの方ともお話をして、「あれとは関係なく、文化交流は同じようにやりましょう」と。それでいいんです。僕らにはそんなこと関係なく、十分に交流できてますんで。そのへんでいちいち引っかかっていたら損ですね。

茂木　このメッセージを、どうわかりやすく世の中に伝えればいいんですかね。いま、本当に表面的な属性に引きずられるかたちで人も動いているし、社会も動いてますね。河合先生がいまいわれたことに対して、どうすればいいんですかね。

河合　むずかしいですね。気がつく人を待ってないとしょうがないんじゃないかなぁ。どう思います？　気がつかない人は、それで結構やないかというふうなことかな。

折にふれて、今日のように、しゃべれるところではしゃべったり、書くときには書いたりしてますけれどね。

ただ、ものすごく簡単ないい方をしたら、これだけ世の中が便利になって豊かになって、みんなちょっと上手にやったら幸福になるのに、幸福になり損ねている人が多すぎると思います、本当にね。

いま、モノやお金があるのに、不幸になっている人、多いと思いませんか。お金がありすぎて不幸になっている人、ものすごくたくさんいますよ。だから僕なんか、「日本幸福促進協会をつくるから、お金がありすぎて不幸な人は僕に振り込んでください」と（笑）。「僕がそれを責任をもって使ってあげますから」とかいって（笑）。いいでしょう。

茂木　じゃあ私も、ちょっと事務局なんかに入れていただきたいですけど。（笑）

河合　しかしね、考えたら、いつも僕、茂木さんにうまいことやられて、しゃべりまくっているんだけれど、本当は脳の話をもうちょっとしてもいいんです。

茂木　いえいえ、ちゃんと脳の話につながっていますんで。

（二〇〇六年四月七日、東京にて収録）

解説

河合俊雄

本書は脳科学者である茂木健一郎氏と臨床心理学者である父・河合隼雄との三回の対談をまとめたものである。そう書くと読者は、脳科学とは何か、臨床心理学とは何かという学者同士の話を予想されるかもしれない。「心理療法というのは最新の脳科学からすると、どのように捉《とら》えられるのか」などのように。しかし実際は、全く予想外のことが展開されていく。実は、二人の人間が出会うことによって思いもかけないものが生まれてくるということこそ、対談の重要なテーマである心理療法のあり方に深く関わっている。読者にそれを味わっていただくことが一番であろうけれども、野暮ながら少し解説を付け加えてみたい。この対話の中には、二つのおもしろい流れがある。

心理療法とは

一つは、心理療法とはどういうものかを茂木健一郎氏が尋ね、河合隼雄がそれに答えるという流れがある。河合隼雄が主に語り手になり、茂木健一郎氏は聴き手になっている。対談ではどちらかの語りが多かったり、どちらかがむしろインタビューしている形になったりというのがしばしば見受けられるが、本書では明らかに茂木健一郎氏が河合隼雄に心理療法の世界のことを尋ねているのがメインになっている。確かに、何度も思い出したように、「脳の話を聞かないと」という発言が河合隼雄の側からなされ、脳科学からの関連する興味深い知見はときおり披露されているものの、脳科学の話はあまり中心となっていないのである。

ただし、心理療法やこころというものの説明は、対話者の茂木氏を意識して、常に近代科学から見てなされている。河合隼雄は心理療法の特徴を、近代科学と区別して「関係性」と「生命現象」であることを繰り返し強調している。近代科学が客観的に対象を研究するのに対して、心理療法においては関係性が大事にされるし、関係性なくしては成り立たない。たとえば認知行動療法でクライアントの不安が次第に軽減されたり、不登校が改善されたりしても、それは客観的なプログラムだけによるのではなくて、セラピストとの人間関係にもよっている。つまり相手を信頼し、それを支えに行動するからこそ変わっていけるのである。また関係性が現れてくるものとして、クライアントが普通の話をしているのに、聴いているセラピストがとても疲れるときには、そのクライアントの持っている問題が重い場合が多いというのもしばしば例にあがっている。

生命現象の特徴としては、科学の対象とは違ってそれが厳密に定義できず、矛盾をはらんでいることが挙げられている。つまりわれわれは、ある人を「いい人」と思うと同時に、「変な人」と思っているように、矛盾したものをこころに抱えている。すると一面的で無理に「いい人」と信じ込んでいると、そうでないその人の姿が夢に現れたりする。あるいは本書でしばしば触れられている「箱庭療法」も生命現象を映すのにふさわしいメディアであろう。箱庭療法とは、内側を青く塗った砂箱に、砂を掘ったり、ミニチュアのアイテムを置いたりして、風景のようなものを作っていくことによって自己表現を行う心理療法の技法である。その場合にも、どのようなアイテムを用意しておくかなどの「標準化」がなされておらず、客観的な診断には向いていない。しかし雑多なイメージによって表現がなされていくところが生命現象を反映するものとしてはふさわしく、心理療法として有効なのである。

厳密性・曖昧《あいまい》・個の必然性

そのような心理療法の特徴として、本書で扱われていることから是非一つだけ指摘しておきたい。自然科学というのは、因果的なつながりを見出《みいだ》し、厳密性を目指そうとする。だからこそ科学技術というのも可能になる。たとえば、クルマを動かすエンジンは、時によって動き方が異なってしまっては困る。それに対して心理療法は、偶然性を大切にし、できるだけ因果的なつながりや説明をはずしていこうとする。

たとえば「○○だから、子どもが学校に行かない」などという一見合理的な説明をはずしてしまう。するとこれは自然科学から見ると「曖昧」ということになる。しかし箱庭療法において、茂木氏が、他ならぬ「このニワトリ」や「このゴリラ」というのを選んで置くように、これは曖昧なのではなくて、因果的には説明できないけれども、「これしかない」という個の必然性がある。それはある意味で芸術にも通じるものであろう。このように個の必然性というのが大切であるからこそ、心理療法において事例研究という方法論が意味を持つのである。「これしかない」という感覚をめぐっての二人のやりとりは、こうした科学というものの理解を背景に置きつつなされ、本書の中でも圧巻の部分である。

茂木健一郎氏の語り

本書には、心理療法とは何かを河合隼雄が説明するというのとは全く異なるもう一つの流れがある。それは対談者の茂木健一郎氏が、自分の作った箱庭や、見た夢について語り、それどころか第二回では自ら河合隼雄のオフィスで箱庭を作るところである。つまりこの場合は、茂木健一郎氏が語り手、あるいは作り手となり、河合隼雄が聴き手、あるいは見守り手となり、先の構図とは逆転していることがわかる。

そこでの茂木健一郎氏の語りは驚くほどオープンであり、またその内容は非常に興味深い。脳科学者というよりは、人間茂木健一郎が垣間見《かいまみ》える。それと同時に、近代科学的な考え方から、いかにそれとは違うものを見出していくかという脳科学者としての課題と取り組みも見えてくるのである。それに対しての河合隼雄は、ふだんよりは解釈が多いと言いながらも、黙って耳を傾け、作られたものを受け入れる姿勢は崩していない。最初の筋が、心理療法の理論的説明であったとすると、これは心理療法の実践そのものを見ているようにさえ思えてくる。

この箱庭体験は、茂木健一郎氏にとっても大切なものとなったと思われる。それだけに、茂木氏が河合隼雄追悼シンポジウム（『河合隼雄と箱庭療法』創元社）でも触れられているように、河合隼雄の突然の病と死によって、氏が継続して定期的に何回か箱庭を作るという作業が行われなかったのは非常に残念である。

残された課題

茂木健一郎氏は、河合隼雄追悼シンポにおいて、「河合先生との二つの約束として」、継続して何回か箱庭を作ることと同時に、箱庭を見たり、クライアントの話を聞いたりしているときの河合隼雄の脳活動を調べることを挙げている。これはまさに「関係性」が現れているもので、残念ながら河合隼雄自身を対象にはもはやできないけれども、箱庭制作を見守っているときの心理療法家の脳活動を測定するというのは、非常に興味深い課題である。

もう一つ河合隼雄のやり残したこととして、独自で体系化した心理学、方法論を海外で伝えるという仕事があった。文化庁長官を辞めたら、もう一度英語をポリッシュアップし直して、海外で伝えていこうとしていた。だが、それもかなわぬものになってしまった。微力ながら、われわれがそれを引き継いでいくしかないと思っている。

最後に、心理療法の持つ論理を仏教の哲学で表現するという課題がある。本書でも、

「仏教の『華厳経《けごんきょう》』の考え方は、関係性が優先していますね。（中略）個の「私」はなくて、関係の総和が「私」なんだと」と述べている。関係性、生命現象、曖昧さ、個の必然性などとして表現してきたものを、仏教の論理で捉え直すということも、河合隼雄がはじめて取り組んでいた（たとえば、『ユング心理学と仏教』岩波書店）。それらもわれわれの課題として残されている。

父の一回忌に本書が出版されるにあたっては、まだ私自身にこころの余裕がなく、内容のチェック等も不十分で潮出版社の方々に迷惑をかけた。お詫《わ》び申し上げるとともに、今回の文庫化にあたって明らかな誤りと思えるものは訂正させていただいた。その際には、新潮社の寺島哲也さんにお世話になった。記して感謝の気持ちを表したい。

（京都大学こころの未来センター教授・臨床心理学）

この対話集は平成二十年七月、潮出版社より刊行された。

こころと脳《のう》の対話《たいわ》

新潮文庫　　か－27－10

平成二十三年七月一日発行
令和六年五月五日五刷

著者　茂《も》木《ぎ》健《けん》一《いち》郎《ろう》
　　　河《かわ》合《い》隼《はや》雄《お》
発行者　佐藤隆信
発行所　株式会社　新潮社

郵便番号　一六二―八七一一
東京都新宿区矢来町七一
電話　編集部(〇三)三二六六―五四四〇
　　　読者係(〇三)三二六六―五一一一
https://www.shinchosha.co.jp

価格はカバーに表示してあります。

印刷・大日本印刷株式会社　製本・加藤製本株式会社

ISBN978-4-10-125230-8 C0195